♎

Waage

24. September bis 23. Oktober
Im Oktober Sturm und Wind,
uns den frühen Winter künd'

♏

Skorpion

24. Oktober bis 22. November
Novemberdonner
schafft guten Sommer

♐

Schütze

23. November bis 21. Dezember
Sturm im Dezember und Schnee,
schreit der Bauer juchhe!

♑

Steinbock

22. Dezember bis 20. Januar
Je frostiger der Januar,
je freudiger das ganze Jahr

♒

Wassermann

21. Januar bis 19. Februar
Februar mit Frost und Wind
macht die Ostertage lind

♓

Fische

20. Februar bis 20. März
Lässt der März sich trocken an,
bringt er Brot für jedermann

HERMINE-MARIE ZEHL

Der 100-jährige Kalender

Wetterkalender • Bauernregeln
Sonnenzeichen • Mondrhythmen
Bewährte Hausmittel • Mondkalender bis 2004

LUDWIG

Die Autorin

Hermine-Marie Zehl, geboren und aufgewachsen in Niederösterreich, lebte später in Wien, heute in München und Hamburg. Sie ist Redakteurin und psychologische Astrologin; ihr großes Interesse gilt aber nicht nur Menschen und Lebensgesetzen, sie beschäftigt sich auch intensiv mit Naturphilosophie und verbindet altes Wissen mit unseren heutigen Gegebenheiten.

Danksagung

Soweit es im Rahmen der allgemeinen Beschreibung der Sonnenzeichen möglich war, habe ich die Gesichtspunkte der psychologischen Astrologie mit aufgenommen. Mein besonderer Dank gilt in diesem Zusammenhang meinem Lehrer und Vorbild Hermann Meyer, nach dessen Methode ich gelernt habe, Astrologie zu sehen und verstehen. Er hat mir sein Wissen und seine Zeit für die entsprechenden Kapitel zur Verfügung gestellt und mich mit seinem Rat und seiner konstruktiven Kritik unterstützt und ermutigt – das ist mehr als großzügig.

Der W. Ludwig Verlag ist ein Unternehmen der
Verlagshaus Goethestraße GmbH & Co. KG

Umschlaggestaltung: Hempel/Langkau, Kommunikation/Design, München
Gestaltung und Produktion: dm druckmedien, München
Illustrationen: Renate Ettenberger, dm druckmedien, München
Herstellung: Manfred Metzger (Leitung), Annette Aatz,
Dr. Erika Weigele-Ismael

Printed in Slowakia
Gedruckt auf chlor- und säurearmem Papier

ISBN 3-7787-3822-4

Inhalt

Das Jahr im Rhythmus der Gestirne

WETTER · SONNENZEICHEN · MOND
GESUNDHEIT UND SCHÖNHEIT
MOND UND HAUSHALT · BALKON UND GARTEN

ATLAS TRÄGT DIE WELT. DARSTELLUNG AUS DEM 17. JAHRHUNDERT.

Zum rechten Gebrauch

Der Rhythmus der Natur und unser Rhythmus

In diesem Buch finden Sie längst verloren geglaubtes Wissen, aus dem sich viele Anregungen für unser heutiges Leben gewinnen lassen. Ich habe nichts Neues erfunden, sondern nur mehr oder weniger Bekanntes zusammengetragen, viele Quellen studiert und mit zahlreichen Experten gesprochen. Dann habe ich versucht, die verschiedenen Erkenntnisse und Erfahrungen miteinander zu verknüpfen, und war bemüht herauszufinden, wie man dieses Wissen anwenden kann.

Seit es Menschen gibt, versuchen sie, den Rhythmus der Natur und ihren eigenen Lebensrhythmus zu erfassen, und geben das erworbene Wissen weiter. Manches wandelt sich im Lauf der Zeit, die Erkenntnisse werden immer differenzierter, verfeinerter, das Wissen umfangreicher. Aber niemals sind irgendwelche früheren Aussagen grundsätzlich überholt oder gar falsch. Wenn man die historischen Umstände vergleicht, die Kalender abstimmt, den Entwicklungs- und Wissensstand der Menschen berücksichtigt, dann bestätigen diese Aussagen im Grunde sogar heutige Erkenntnisse und helfen uns, die vielfältigen Naturerscheinungen besser zu verstehen.

VERSCHIEDENE SYSTEME WURDEN ZUSAMMENGETRAGEN: DER 100-JÄHRIGE KALENDER, HISTORISCHE BAUERNREGELN, DAS KONZEPT DER ASTROLOGIE UND DIE ERKENNTNISSE VON DEN MONDRHYTHMEN.

Die Umwelt erkennen und begreifen

In diesem Buch sind verschiedene Systeme nebeneinander gestellt: Einmal sind da die akribischen Wetteraufzeichnungen des Mauritius Knauer für den 100-jährigen Kalender, andererseits Wetterregeln aus der Erfahrung des täglichen bäuerlichen Lebens. Dazu kommt das gedankliche Konzept der Astrologie. Es gibt uns anhand der Symbolik des Sonnenzeichens, das nichts mit den realen Auswirkungen der Sonne am Himmel zu tun hat, Anhaltspunkte über unser eigenes Verhalten. Schließlich sind da noch die Mondrhythmen, die auf alles, was auf Erden lebt, unmittelbaren Einfluss haben.

Den eigenen Rhythmus finden

WIE MAN MIT DEM BUCH UMGEHEN SOLLTE.

Es wäre allerdings fatal, wenn Sie jetzt versuchen, das Buch von vorne bis hinten zu »leben«. Sie kämen zu nichts anderem mehr, als auf den Mondstand zu achten und die Zukunft wetter-, sonnen- und mondmäßig auszurechnen. Darüber geht dann die ganze schöne Gegenwart verloren, und Sie überfordern sich gnadenlos.

Sie können sich einige wenige für Sie wichtige Punkte herauspflücken und es vorderhand damit bewenden lassen, das ist völlig in Ordnung.

Sie können aber auch erst einmal die verschiedenen Gesetzmäßigkeiten beobachten und dann ganz allmählich anfangen, sie für sich zu entdecken. Immer wieder und behutsam ein Stück davon ins Leben integrieren, bis es selbstverständlich geworden ist. Dann nämlich können es erst »Ihre« Rhythmen und Lehren werden.

ERWARTEN SIE KEINE PATENTREZEPTE! HORCHEN SIE BEHUTSAM IN SICH UND DIE WELT HINEIN.

Feste Vorschriften sind ja insofern praktisch, als man in dem Moment, wo man nach ihnen lebt, die Verantwortung abgeben kann und nicht mehr nachdenken muss. Diese Verantwortung für Sie selbst wird Ihnen aber weder durch dieses Buch noch durch die Gesetze der Natur abgenommen. Alles, was Sie in dem Buch finden, sind Vorschläge und Anregungen. Und die Gesetze der Natur werden von keinem Polizisten überwacht, Sie können darauf hören oder auch nicht. Das ist Ihre freie Entscheidung.

Dieses Buch ersetzt keinen Arzt!

Unter der Rubrik »Gesundheit und Schönheit« sind in jedem Monat verschiedene Vorschläge gesammelt, die darauf hinweisen, welche Mondrhythmen für welche Unternehmungen gesundheitlicher Art am günstigsten sind.

Aber: Wenn Ihnen etwas Ernsthaftes fehlt, suchen Sie Ihren Arzt auf. Und wenn Sie eine Operation dringend durchführen lassen müssen, können und dürfen Sie natürlich nicht auf den günstigsten Mondstand warten.

»Zum rechten Gebrauch«

stand über einem Kapitel des ersten Astrologiebuches, das ich las. Und es war – unerfahren wie ich in astrologischer Hinsicht damals war – das einzige, das ich auf Anhieb verstanden habe. Es ging dem Autor darum, nicht leichtfertig mit den astrologischen Lehren und den Menschen, die sie in Anspruch nehmen, umzugehen, keine Wahrsagerei zu betreiben, sondern sich an die Gesetze der Natur zu halten und im Dialog dem Menschen die Verantwortung für sich selbst klarzumachen. Den Autor gibt es leider nicht mehr, aber – Sie ahnen es – ich habe nicht nur den Titel dieses Kapitels von ihm übernommen.

DIE WEISHEIT IST OFT IM ALLTÄGLICHEN VERBORGEN – MAN MUSS NUR GEDULDIG DANACH SUCHEN.

Im Zuge meiner Astrologieausbildung wurde mein Interesse für viele verwandte Gebiete wach, und irgendwann bekam ich ein Buch in die Hand, das sich mit den Mondrhythmen auseinander setzte. Anfänglich las ich es mit einer Art klinischem Interesse – doch plötzlich tauchte aus irgendeiner Ecke meines Hirns ein erkennender Funke auf.

Bekanntes neu entdecken

Ich bin auf dem Land aufgewachsen. Erst als es an der Zeit war, in die Schule zu gehen, holte meine Mutter mich in die Stadt. Da gab es glänzenden Parkettboden statt »gewöhnlicher« Holzbretter, da gab es Kleidchen und Schürzchen statt Lederhosen, und die Milch holten wir aus dem Laden.

Jedenfalls begann damit ein völlig anderes Leben, und die meisten, wie ich zuerst dachte, unwichtigen Erinnerungen verschwanden nach und nach. Bis dieses Mondbuch sie nach und nach wieder weckte. Jetzt erkannte ich Dinge und Zusammenhänge wieder, die dort, wo ich herkomme, selbstverständlich gehandhabt wurden, und über die ich mir nie Gedanken gemacht hatte. Es war ganz einfach alles so gottgegeben wie der sonntägliche Kirchgang. Denn wenn man gefragt hatte, kam ohnehin bloß die Antwort: Es ist eben so. – Heute weiß ich, warum es eben so ist.

ASTRONOMEN WAREN FRÜHER MEIST AUCH ASTROLOGEN. HEUTE SIND DIESE BEIDEN BEREICHE WEITGEHEND GETRENNT.

Der 100-jährige Kalender

Schon sehr früh in der Geschichte der Menschheit existierte ein Wissen um den Zusammenhang von Planetenständen und Erscheinungen in der Natur, das man in manchen Fällen erst in den letzten Jahrzehnten aufgrund des »heutigen« Wissensstandes nachvollziehen kann. Sehr bald nachdem die Menschen begonnen hatten, Ackerbau zu betreiben, entstanden die ersten »Regeln« aus Beobachtungen der Planeten und des Wetters. Man fand Wiederholungen und Gesetzmäßigkeiten heraus.

Den einzelnen Jahren teilte man die Planeten, die Sonne und den Mond zu; ein weiteres Mal spielte die heilige Zahl 7 eine Rolle. Die Regentschaft der sieben Planeten (Uranus und Pluto waren noch nicht entdeckt) wurde schon im alten Babylon verwendet.

Der Abt Dr. Mauritius Knauer (1613–1664) schuf – vor allem für die Bauern – einen »immerwährenden Wirtschaftskalender«, der aber schon seit einem sehr frühen Druck vor fast 300 Jahren »Hundertjähriger Kalender« heißt.

DIESE FRÜHEN VORSTELLUNGEN GINGEN VOM GEOZENTRISCHEN WELTBILD AUS, IN DEM DIE ERDE DEN MITTELPUNKT BILDET, UMGEBEN VON DEN PLANETEN, ZU DENEN MAN DAMALS AUCH DIE SONNE UND DEN ERDMOND ZÄHLTE.

Die heilige Sieben

Das Wetter wiederholt sich nicht alle einhundert Jahre – wie viele glauben – sondern im Prinzip alle sieben Jahre. Der Abt hatte sieben Jahre lang minutiös beobachtet, akribisch notiert, dann war für ihn der große Planetenzyklus abgeschlossen. Er selbst zählt die Planeten so auf: »Der oberste ist Saturn. Dann kommen Jupiter und Mars. Ihnen folgt die Sonne als ihre Königin und Mitte. Unterhalb der Sonne stehen Venus, Merkur und schließlich der Mond, der unterste Planet, uns am nächsten«.

Wenn Sie es genauer wissen wollen, müssen Sie z. B. den Jahresregenten, das Wetter des Vorjahres, Neumondstände und eine eventuelle Sonnenfinsternis mit einrechnen. Laut Abt Knauer »können auch böse Menschen, die man Hexen, Unholde nennt, durch Vermittlung des bösen Geistes Unfruchtbarkeit und anderes Unglück vielfältig stiften und verursachen.« Er wollte damit allerdings sagen, dass es außer den Gestirnen am Himmel noch Neid, Missgunst und Eifersucht auf Erden gibt.

WIE IN DER ASTROLOGIE, BEGINNT DAS JAHR AUCH IM 100-JÄHRIGEN KALENDER MIT DEM 21. MÄRZ.

Mauritius Knauer vertrat wie viele andere seiner Zeit die Meinung, dass Gott die Welt zur Tagundnachtgleiche im Frühling erschaffen hat, und deswegen wechselt die Regentschaft eines Jahres bei ihm auch am 21. März. Damit ist der Winter also nicht der erste, sondern der letzte Teil eines Jahres – eine Einteilung, die man von der Astrologie her kennt.

Die Jahresherrscher

vom 21. März bis zum 20. März des darauffolgenden Jahres:

♄	Saturn:	1993, 2000, 2007	kalt und feucht
♃	Jupiter:	1994, 2001, 2008	warm und trocken
♂	Mars:	1995, 2002, 2009	heiß und trocken
☉	Sonne:	1996, 2003, 2010	mittelwarm, trocken
♀	Venus:	1997, 2004, 2011	warm und feucht
☿	Merkur:	1998, 2005, 2012	kalt und trocken
☽	Mond:	1999, 2006, 2013	kalt und feucht

Stundenherrscher und Neumond-Wetterwechsel

Wie jedes Jahr einen Regenten hat, so haben auch jeder Wochentag und jede Stunde ihre Herrscher (siehe Tabelle auf Seite 14). Da der Neumond innerhalb von zwei bis drei Tagen für einen Wetterwechsel sorgt, stellt man aufgrund des Stundenherrschers fest, wie sich das Wetter ändern wird.

Den genauen Zeitpunkt, wann Neumond ist, kann man einem der jährlich erscheinenden Mondkalender entnehmen.

DER NEUMOND SORGT INNERHALB VON ZWEI BIS DREI TAGEN FÜR EINEN WETTERWECHSEL.

1. Beispiel:

Am Dienstag, 4. April 2000 ist um 20.13 Uhr Neumond. Der Stundenherrscher um diese Zeit ist Mars. Die Wetteränderung erfolgt also so, wie unter: »Neumond in den Stunden des Mars« (Seite 15).

Wenn der Jahres- oder Tagesherrscher mit dem Stundenherrscher übereinstimmt, wird die Wirkung des Wetterwechsels nochmals verstärkt.

2. Beispiel:

Neumond am Donnerstag, 6. Januar 2000, um 19.15 Uhr. Das Jahr 2000 ist ein Saturnjahr, und dazu ist der Stundenherrscher um diese Zeit Saturn. Beim Wetterwechsel wird also in diesem Fall der Einfluss des Saturn besonders stark zutage treten.

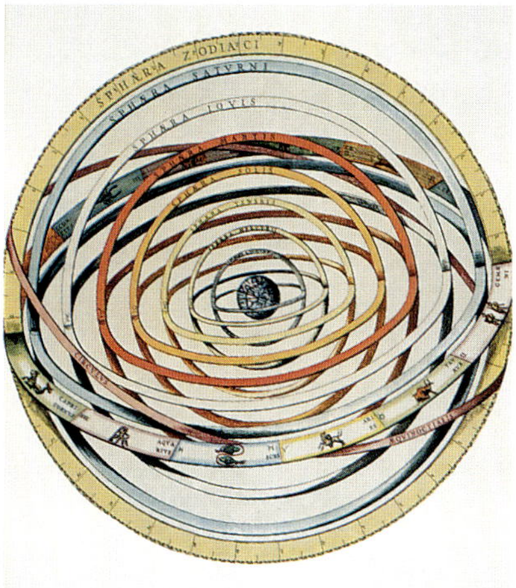

ABWECHSELND HERRSCHEN DIE PLANETEN ÜBER EIN ASTROLOGISCHES JAHR. IST DER STUNDENHERRSCHER DERSELBE PLANET, VERSTÄRKT SICH SEIN EINFLUSS BEIM WETTERWECHSEL.

Tabelle der Stundenherrscher

WIE JEDES JAHR UND JEDER MONAT, SO HAT AUCH JEDE STUNDE IHREN HERRSCHER.

Wochentag	So	Mo	Di	Mi	Do	Fr	Sa
Tagesregent	☉	☾	♂	☿	♃	♀	♄
Stundenherrscher							
6 – 7	☉	☾	♂	☿	♃	♀	♄
7 – 8	♀	♄	☉	☾	♂	☿	♃
8 – 9	☿	♃	♀	♄	☉	☾	♂
9 – 10	☾	♂	☿	♃	♀	♄	☉
10 – 11	♄	☉	☾	♂	☿	♃	♀
11 – 12	♃	♀	♄	☉	☾	♂	☿
12 – 13	♂	☿	♃	♀	♄	☉	☾
13 – 14	☉	☾	♂	☿	♃	♀	♄
14 – 15	♀	♄	☉	☾	♂	☿	♃
15 – 16	☿	♃	♀	♄	☉	☾	♂
16-17☾	♂	☿	♃	♀	♄	☉	
17 – 18	♄	☉	☾	♂	☿	♃	♀
18 – 19	♃	♀	♄	☉	☾	♂	☿
19 – 20	♂	☿	♃	♀	♄	☉	☾
20 – 21	☉	☾	♂	☿	♃	♀	♄
21 – 22	♀	♄	☉	☾	♂	☿	♃
22 – 23	☿	♃	♀	♄	☉	☾	♂
23 – 24	☾	♂	☿	♃	♀	♄	☉
24 – 1	♄	☉	☾	♂	☿	♃	♀
1 – 2	♃	♀	♄	☉	☾	♂	☿
2 – 3	♂	☿	♃	♀	♄	☉	☾
3 – 4	☉	☾	♂	☿	♃	♀	♄
4 – 5	♀	♄	☉	☾	♂	☿	♃
5 – 6	☿	♃	♀	♄	☉	☾	♂

Und so wirkt sich der Neumond-Wetterwechsel aus:

♄

In den Stunden des Saturn

wird der Monat kalt und überwiegend feucht.

♃

In den Stunden des Jupiter

wird der Monat zur Hälfte trocken,
zur anderen Hälfte ziemlich windig.

♂

In den Stunden des Mars

wird der Monat halb trocken, halb feucht.

☉

In den Stunden der Sonne

wird es im Sommer heiß und trocken,
im Winter kalt und trocken.

♀

In den Stunden der Venus

gibt es im letzten Viertel des Monats
Regenwetter, im Winter Schnee.

☿

In den Stunden des Merkur

Merkur passt sich dem Jahresherrscher an.

☽

In den Stunden des Mondes

wird der Monat recht windig und regnerisch.

DIE RICHTUNG DES NEUMOND-WETTERWECHSELS IST VON DEM JEWEILS HERRSCHENDEN STUNDENREGENTEN ABHÄNGIG.

»FEUCHTE PLANETEN« SIND SATURN, VENUS UND MOND.

»TROCKENE PLANETEN« SIND JUPITER, MARS, SONNE UND MERKUR.

Abt Knauer hat auch herausgefunden, dass eine Sonnenfinsternis erheblichen Einfluss auf das Wetter hat. Findet eine sichtbare Sonnenfinsternis statt, verursacht sie zunächst Regenwetter, danach eine Dürrezeit. Regiert im Jahr der Sonnenfinsternis ein feuchter Planet, fällt die Regenperiode länger aus als bei einem trockenen Planeten.

Sonnen- und Mondfinsternisse in Mitteleuropa

●	21. Januar 2000	Mondfinsternis (total)
●	09. Januar 2001	Mondfinsternis (total)
◐	24. Juni 2002	Mondfinsternis (Halbschatten)
◐	20. November 2002	Mondfinsternis (Halbschatten)
●	16. Mai 2003	Mondfinsternis (total)
◐	31. Mai 2003	Sonnenfinsternis (partiell)
●	19. November 2003	Mondfinsternis (total)
●	04. Mai 2004	Mondfinsternis (total)
●	28. Oktober 2004	Mondfinsternis (total)
◐	03. Oktober 2005	Sonnenfinsternis (partiell)
◐	15. März 2006	Mondfinsternis (Halbschatten)
◐	29. März 2006	Sonnenfinsternis (partiell)
◐	07. September 2006	Mondfinsternis (partiell)
●	04. März 2007	Mondfinsternis (total)

Das Sonnenzeichen

Das Sternbild, in dem die Sonne zum Zeitpunkt unserer Geburt steht, bezeichnet man als unser »Tierkreiszeichen« oder »Sonnenzeichen«. Steht die Sonne also zu dieser Zeit im Sternbild Stier, dann ist das unser Sonnenzeichen.

WAS IST EIN HOROSKOP?

Ein Horoskop ist die Darstellung von Sonne, Mond und allen Planeten von der Erde aus gesehen. Ein Rundumblick von unserem Planeten ergibt einen Vollkreis von 360 Grad.

Dieser Kreis ist nun das Grundelement des Horoskops und wird in zwölf gleich große Felder, so genannte Häuser, von jeweils 30 Grad unterteilt.Den Häusern wiederum hat man Namen von Sternbildern gegeben, die man von der Erde aus sehen kann.

Die Namen der Sternbilder (meist Tiernamen, daher auch die Bezeichnung »Tierkreis«) werden als Symbol für bestimmte Eigenschaften verwendet, auf die bei der Besprechung der Sonnenzeichen noch eingegangen wird.

Die gleichen Eigenschaften wie bei den Tierkreiszeichen finden sich, ebenfalls symbolhaft, in der Sonne, dem Mond und den Planeten wieder. Jeder dieser Planeten hat zu einem bestimmten Zeitpunkt (beispielsweise der Geburt) eine bestimmte Position am Himmel inne, und durch den aufgeteilten Kreis ist es möglich, sie abzulesen und im Horoskop darzustellen.

DER WIDDER STEHT FÜR ANTRIEB UND SELBSTBEHAUPTUNG, DER KREBS FÜR EMPFINDUNGEN UND SELBSTWAHRNEHMUNG USW.

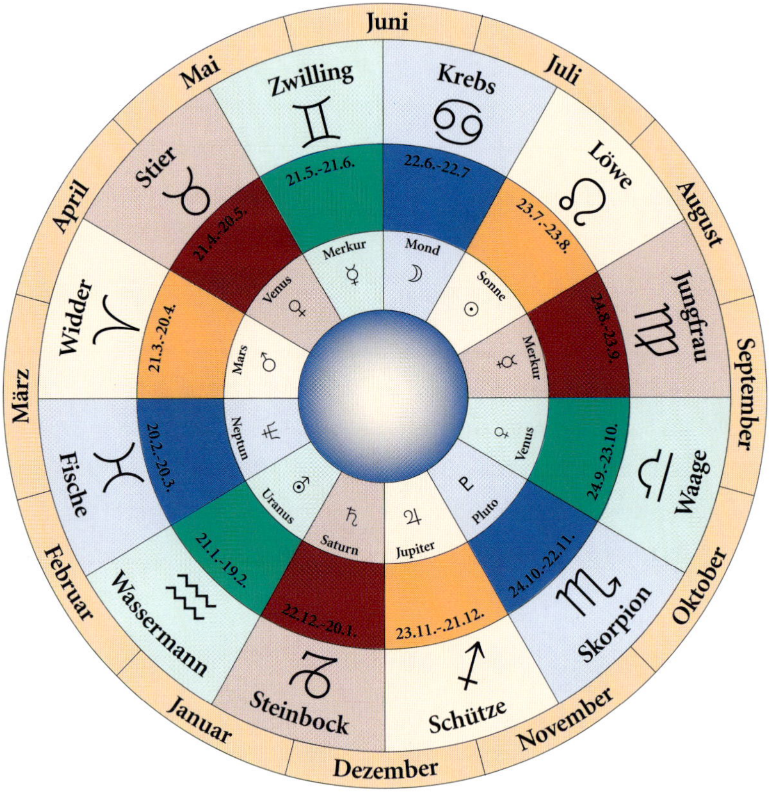

Tierkreis und Sternbilder

Die astrologischen Tierkreiszeichen haben also mit den astronomischen Sternbildern nichts zu tun. Bei der Astrologie handelt es sich um ein gedankliches Konzept, um die Symbolsprache der Tierkreiszeichen und Planeten.

ASTROLOGIE UND ASTRONOMIE SIND VONEINANDER UNABHÄNGIG.

Es ist daher für die Astrologie vollkommen egal, dass es am Himmel mehr astronomische Sternzeichen gibt, als von ihr verwendet werden, ob die Sternbilder hintereinander kommen oder nicht. Auch die Namen, die für die Sternbilder gebraucht werden, sind eigentlich nicht wichtig; es geht um die Inhalte, also die Eigenschaften, Fähigkeiten und Kräfte, welche die Astrologie den einzelnen Tierkreiszeichen zuweist.

Um allerdings das gedankliche Konzept sozusagen in Fleisch und Blut zu verwandeln – das heißt z. B. ein Horoskop auf einen Menschen anzuwenden –, werden die Positionen der Planeten für den gewünschten Zeitpunkt nach den tatsächlichen astronomischen Daten ins Horoskop übertragen. Denn nur so kann man ein »Bild« einer Person bekommen! Hier spielt also die Astronomie sehr wohl eine Rolle.

Der Frühlingspunkt

Dieser astrologische Bezugspunkt wird seit einiger Zeit viel und heiß diskutiert. Der Frühlingspunkt ist der Punkt, an dem die Sonnenbahn die Erdäquatorebene kreuzt. Übersetzt heißt das, dass auf der ganzen Welt Tagundnachtgleiche herrscht. Dieser Punkt ist nun Anfang eines jeden Horoskops. Er heißt aber nicht nur »Frühlingspunkt«, sondern auch »Null-Grad-Widder-Punkt«, und das ist der Grund für neuerlichen astrologischen Verdruss. Er befindet sich nämlich durch die – zwar sehr langsame, aber immerhin feststellbare – Bewegung der Fixsterne mittlerweile zum Zeitpunkt der Tagundnachtgleiche nicht mehr bei Null Grad Widder, sondern im Wassermann. Und deshalb meinen nun auch viele, dass unser ganzes Horoskop nicht mehr stimme, und sprechen vom »verschobenen Frühlingspunkt«.

Der astrologische Bezugspunkt ist aber nach wie vor bei Null Grad Widder, da es sich, wie schon vorher gesagt, um ein gedankliches Konzept handelt, das unabhängig von irgendeinem »realen« Sternbild am Himmel wirkt.

DER STREIT UM DEN SO GENANNTEN FRÜHLINGSPUNKT ÄNDERT NICHTS AN DER AUSSAGEKRAFT EINES HOROSKOPS, DA ES SICH HIERBEI NICHT UM EIN ASTRONOMISCHES, SONDERN UM EIN GEDANKLICHES KONZEPT HANDELT.

Die Symbolsprache der Tierkreiszeichen und Planeten

Wir haben schon erfahren, dass die Namen der Sternbilder als Symbol für verschiedene Eigenschaften verwendet werden. Vielleicht sollte man noch einmal darauf hinweisen, dass weder Sternbilder noch Planeten »von oben herunter« wirken, sondern dass wir die Entsprechung dieser zugeordneten Eigenschaften in uns tragen. In diesem Sinn wirken auch Sonne oder Mond nicht direkt, weil sie im Horoskop Symbolcharakter haben. (Von den direkten Kräfte des Mondes ist im nächsten Kapitel die Rede). Wenn man beispielsweise sagt, ein Planet kann sich nicht durchsetzen, oder wenn man von Planetenkräften spricht, so ist von unseren eigenen Fähigkeiten und Kräften die Rede; dieser eingebürgerte Sprachgebrauch dient lediglich dazu, sich die Vorgänge besser vorstellen zu können.

Natürlich wird oft angezweifelt, dass das System funktionieren kann, wenn die Planeten und Tierkreiszeichen selbst doch gar keinen Einfluss haben. Dazu eine hübsche Anekdote: Einem Mann droht laut Horoskop Gefahr durch Löwen. Er meidet also diese Tiere mit aller Sorgfalt. Als er aber eines Tages die Herberge zum Goldenen Löwen betreten will, wird er von dem herabfallenden Schild des Gasthofs, einem goldenen Löwen, erschlagen.

Das Zusammenwirken der Kräfte

Das Sonnenzeichen ist nicht der einzige Schlüssel, um unser Wesen zu ergründen. Alle Prinzipien unseres Horoskops wirken zusammen und zeigen uns als einzigartige, unverwechselbare Persönlichkeit.

Dass das Sonnenzeichen nicht der alleinige Schlüssel zu unserem Wesen ist, wissen wir in der Zwischenzeit; alle Prinzipien eines Horoskops wirken zusammen und zeigen uns als eine unverwechselbare und einmalige Persönlichkeit. Das heißt – sie wirken mehr oder weniger zusammen. Manche Lebensprinzipien in uns ignorieren wir einfach, das sind dann oft die Dinge, die »uns nicht liegen«. Nur lassen sich die Prinzipien nicht einfach so ignorieren, und wenn wir sie nicht berücksichtigen, schleichen sie sich durch die Hintertür in unser Leben. Wir erleben dann Eigenschaften, die wir so standhaft ignorieren, eben von außen. Beispielsweise über Krankheiten oder über andere Menschen: über den Chef, über Kollegen und Freunde oder über den Partner. So kann es zum Beispiel sein, dass man immer auf einen Partner trifft, der ständig Streit sucht, oder man fragt sich, warum man sich so oft in Situationen wiederfindet, in denen man angebrüllt wird. Oder man erlebt täglich viele Dinge, über die man sich ärgern muss, und explodiert dann entweder bei unpassendster Gelegenheit oder frisst alles in sich hinein – vielleicht sogar noch mit dem Hinweis, dass man eben nicht aggressiv sein kann. Solche Situationen sind dem Mars zugeordnet, der für Aggression, Ärger und Streit »zuständig« ist. Aber aus der gleichen Quelle kommt auch die Kraft für die eigene Durchsetzung und Selbstbehauptung. Und ist die Kraft einmal entfaltet, braucht man das »Hilfsgerüst« des Ärgers nicht mehr. Weder in sich noch von außen.

Nicht alle Planetenthemen sprechen uns an, denn die Lebensgebiete, auf denen wir gut zurechtkommen, hinterfragen wir im Allgemeinen auch nicht. Erst wenn der Leidensdruck groß genug ist oder sich eine Krankheit einstellt, sind die meisten von uns bereit, über ihr Verhalten nachzudenken.

Wie man sein Thema findet

Wenn Sie sich aufgrund eines seelischen oder körperlichen Problems mit dessen Ursachen auseinander setzen möchten, kann das Buch eine Anregung sein: Wie Sie jetzt wissen, ist jedem Sonnenzeichen ein Planet zugeordnet; beide sind Symbol für die gleiche Eigenschaft bzw. für das gleiche Thema. Nun kann es ja sein, dass sich »Ihr Thema« nicht an Ihrem Sonnenzeichen orientiert, sondern ein völlig anderes Lebensgebiet betrifft, das durch einen Planeten repräsentiert wird, der sich an einem anderen Ort »versteckt«.

Dazu sehen Sie erst unter den einzelnen Sonnenzeichen/Planeten nach, welchem Zeichen der Körperteil zugeordnet ist, der Ihnen zu schaffen macht, und lesen dann nach, welche Eigenschaften und Themen mit diesem Zeichen bzw. Planeten in Verbindung gebracht werden. Eine Erkrankung zeigt oft symbolisch an dem betroffenen Organ, auf welchem Gebiet Sie bisher vielleicht Ihre Vorstellungen, Wünsche und Bedürfnisse vernachlässigt, versäumt oder verdrängt haben.

JEDEM SONNENZEICHEN IST EIN PLANET ZUGEORDNET; BEIDE SIND SYMBOLE FÜR DIE GLEICHE EIGENSCHAFT BZW. FÜR DAS GLEICHE THEMA. DESHALB KANN ES SEIN, DASS SICH »IHR THEMA« NICHT AN IHREM SONNENZEICHEN ORIENTIERT, SONDERN EIN VÖLLIG ANDERES LEBENSGEBIET BETRIFFT, DAS DURCH EINEN PLANETEN REPRÄSENTIERT WIRD.

Genauso verfahren Sie im Grunde, wenn es sich nicht um eine Erkrankung, sondern um ein seelisches Problem handelt: Sie sehen sich die Themen der einzelnen Sonnenzeichen/Planeten an, und wenn Sie Ihr Thema gefunden haben, wissen Sie auch, welches Lebensgebiet es zu optimieren gilt.

Wenn Sie nun Ihr Sonnenzeichen bzw. Ihr Thema ausgiebig studiert haben, werfen Sie einen Blick auf die gegenüberliegende Thematik des Tierkreises. Das gegenüberliegende Zeichen ist immer mit aufgeführt, so dass Sie es sofort aufsuchen können. Dieser Gegenpol beinhaltet oft noch wertvolle Hinweise.

Das Sonnenzeichen im Horoskop

OFT IST ES SO, DASS DIE »TYPISCHEN MERKMALE« DIE UNTERENTWICKELTE SEITE DES SONNENZEICHENS SIND.

Nun aber zu unserer Sonne im Horoskop: Die Sonne ist und nimmt sich ganz wichtig, und sie will strahlen. Sie setzt – je nach Veranlagung und Entwicklung – all ihre Aktivität, Vitalität und schöpferischen Kräfte dafür ein. Daher tritt auch das Zeichen, in dem sie steht, sehr oft so deutlich hervor und damit auch gewisse Grundmuster menschlichen Verhaltens. Der Mensch erkennt sich dann in irgendeiner Form in den »typischen« Eigenschaften seines Sonnenzeichens wieder. Oft ist es aber so, dass die »typischen Merkmale« die unterentwickelte Seite des Sonnenzeichens sind. Man denke beispielsweise nur an die Empfindlichkeit des Krebses, an den Prahlhans Löwe oder das Harmoniebedürfnis der Waage.

Eigentlich hätte aber jedes Sonnenzeichen die Aufgabe, die ihm gemäßen Anlagen weiterzuentwickeln. Im Grunde ist diese Aufgabe nichts anderes als die viel zitierte (aber oft falsch verstandene) Selbstverwirklichung.

Die Beschreibung der Sonnenzeichen ist so aufgebaut, dass zu Beginn jedes »Urprinzip« anhand seiner mythologischen Gestalt kurz vorgestellt wird. Die Urprinzipien bzw. Planeten tragen Namen der griechischen Götter des Altertums. Heute verwendet die Astrologie die spätere römische Version; beide Namen sind aufgeführt. Die Verhaltensweisen dieser Gottheiten dienen uns als Symbol für das Prinzip, das sich dahinter verbirgt und welches auch in uns ist.

DIE URPRINZIPIEN BZW. PLANETEN TRAGEN NAMEN DER GRIECHISCHEN GÖTTER DES ALTERTUMS. HEUTE VERWENDET DIE ASTROLOGIE DIE SPÄTERE RÖMISCHE VERSION. DARSTELLUNG VON JUPITER AUS DEM 15. JAHRHUNDERT.

Anschließend an den Ausflug in die Mythologie wird die astrologische Entsprechung beschrieben. Diese Beschreibungen der einzelnen Sonnenzeichen, Planeten und Themen in den Monatsabschnitten sind natürlich Verallgemeinerungen. Um einen Menschen als individuelle Persönlichkeit erfassen zu können, müssten viele andere Faktoren des Horoskops berücksichtigt werden. Auch ersetzt ein Buch kein Gespräch, das ich in diesem Zusammenhang für absolut notwendig halte. Trotzdem soll hier ein allgemeiner Überblick gegeben werden, der Sie vielleicht dazu anregt, sich mit Ihrer eigenen Persönlichkeit auseinander zu setzen.

Die Zuordnung der Elemente

Die Elemente, denen die einzelnen Sonnenzeichen zugeordnet sind, verdienen insofern Beachtung, als sie eine bestimmte Grundstimmung angeben:

WIDDER, LÖWE UND SCHÜTZE.

Die Feuerzeichen sind physikalisch »warme, trockene« Charaktere und dem cholerischen Temperament zuzuordnen. Dies bedeutet körperlich schnelle und starke Reaktionen, geistig aktive Erkenntniskraft. Weitere Entsprechungen: spontane Energie und Handlung, Mut und Kühnheit, aber auch Heftigkeit, Übereilung, Ungeduld und Unvorsichtigkeit.

STIER, JUNGFRAU UND STEINBOCK.

Die Erdzeichen bezeichnet man als »trocken und kalt«, sie entsprechen dem melancholischen Temperament. Dies bedeutet körperlich langsame, aber starke und nachhaltige Reaktionen, geistig Zweifel und Kritik. Weitere Entsprechungen: Ruhe, Beharrlichkeit, Vorsicht, Bodenständigkeit und Treue, aber auch Eigensinn, Ängstlichkeit, Mangel an Beweglichkeit, starres Festhalten und Mangel an Begeisterungsfähigkeit.

ZWILLING, WAAGE UND WASSERMANN.

Die Luftzeichen werden vom physikalischen Bild her als »warm und feucht« dargestellt und repräsentieren das sanguinische Temperament. Körperlich heißt das schnelle, lebhafte, aber nicht sehr nachhaltige Reaktionen, geistig schnelle Aufnahmebereitschaft, Empfänglichkeit und starke Beeindruckbarkeit. Weitere Entsprechungen: Lebhaftigkeit, Empfänglichkeit, Begeisterungsfähigkeit, Findigkeit, aber auch Unruhe, Labilität, Zersplitterung, Ablenkbarkeit, nervöse Reizbarkeit und Ausflüchte.

KREBS, SKORPION UND FISCHE.

Die Wasserzeichen schließlich werden als »wässrig, feucht und kalt« bezeichnet und entsprechen dem phlegmatischen Temperament. Die körperliche Reaktion ist demgemäß verhältnismäßig langsam und recht schwach, geistig fördert dieses Temperament aber die Phantasie und das Einfühlungsvermögen. Weitere Entsprechungen: Toleranz, starke Gefühlsbetonung, Träumerei, aber auch Trägheit, Empfindlichkeit, Gefühlsüberschwang und Lebensflucht (u. a. durch Sucht).

Die Mondrhythmen

So wie die Sonne ein Jahr braucht, um den gesamten Tierkreis zu durchlaufen, benötigt der Mond ungefähr einen Monat dazu. In den Tagen eines Monats wiederholen sich sozusagen im Kleinen alle 12 Zeichen des Tierkreises, wobei sich der Mond in jedem Zeichen etwa zwei bis drei Tage aufhält.

Wenn nun der Mond die einzelnen Tierkreiszeichen berührt, spricht er jeweils ihre spezielle Qualität an. Das ist nicht so zu verstehen, dass aus einem Veilchen an den »Mond-Tagen« eine Rose wird oder aus einem Krebs ein Löwe. Es bedeutet vielmehr, dass die einzelnen Tage eine bestimmte Färbung bekommen, dass bestimmte Kräfte am Wirken sind. Wir können diese Färbungen und Kräfte für uns nutzen. Sowohl für das Wohlergehen des Körpers und der Seele, für Tiere und Pflanzen, als auch für das Gelingen vieler alltäglicher Dinge.

MONDPHASEN UND MONDSTÄNDE HÄNGEN UNMITTELBAR ZUSAMMEN. DARSTELLUNG AUS DEM 17. JAHRHUNDERT.

Jede Region unseres Körpers ist, wie die Übersicht zeigt, einem Tierkreiszeichen zugeordnet. Der Mond durchwandert nun in dieser Hinsicht in jedem Monat einmal unseren ganzen Körper, wobei er im Lauf eines Jahres wiederum verschiedene Kräfte entfaltet, je nachdem, ob er zu- oder abnimmt.

♈ **Widder**
Kopf, Gesicht

♎ **Waage**
Hüfte, Nieren, Blase

♉ **Stier**
Kiefer, Hals, Nacken

♏ **Skorpion**
Geschlechtsorgane, Harnleiter

♊ **Zwilling**
Schultern, Arme, Hände

♐ **Schütze**
Oberschenkel, Venen

♋ **Krebs**
Magen, Lunge, Leber, Galle

♑ **Steinbock**
Knie, Haut, Knochen

♌ **Löwe**
Herz, Kreislauf, Blutdruck

♒ **Wassermann**
Unterschenkel, Venen

♍ **Jungfrau**
Stoffwechsel, Verdauung

♓ **Fische**
Füße, Zehen

JEDEM TIERKREISZEICHEN IST EINE BESTIMMTE KÖRPERREGION ZUGEORDNET.

Die Körperregion, durch die der Mond an einem bestimmten Tag geht, ist empfänglicher als sonst für alle Maßnahmen – gute und schlechte.

Das heißt beispielsweise, dass an einem Stiertag eine Nackenmassage sehr viel bringt, der Nacken aber andererseits auch empfindlicher auf Zugluft reagiert als sonst (denn der Nacken ist dem Stier zugeordnet); oder, dass an einem Fischetag ein Fußbad unglaublich wohltuend ist, andererseits Alkohol und Nikotin Ihren Körper an diesem Tag stärker schädigen als sonst (nicht nur die Füße, auch die Süchte sind den Fischen zugeordnet). Oder noch anders ausgedrückt: Wenn Sie an einem Widdertag eins auf die Nase kriegen, tut es an diesem Tag viel mehr weh, blutet länger und bleibt länger blau. Ein etwas drastisches Beispiel, zugegeben, aber anschaulich. Ich will damit sagen, dass die Körperregion, durch die der Mond gerade geht, sehr empfindsam reagiert, wenn man ihr etwas antut.

Operationen: Auch mit einer Operation tut man dem Körper etwas an, er weiß ja noch nicht, dass es zu seinem Besten ist. Wenn man nicht durch einen akuten Zustand oder sonstige Dringlichkeit eine Operation so schnell wie möglich vornehmen lassen muss, sollte man den Mondstand berücksichtigen. Eine Operation sollte nur bei abnehmendem Mond vorgenommen werden, und am besten in der Jahreshälfte, in der das Zeichen für die entsprechende Körperregion im abnehmenden Mond steht – nur eben nicht an dem Tag, an dem der Mond durch das zugeordnete Körpergebiet geht. Nehmen wir z. B. eine Herzoperation: wenn der abnehmende Mond im Löwen steht (August bis Januar), aber nicht an den Löwetagen selbst.

WENN DER MOND DURCH EIN TIERKREISZEICHEN GEHT, IST DIE ENTSPRECHENDE KÖRPERREGION BESONDERS EMPFINDSAM.

Ist der Mond nun im Zunehmen, während er durch das Zeichen geht, schlagen mehr die aufbauenden Maßnahmen an; nimmt der Mond im Zeichen ab, ist Ihr Körper für alle Entgiftungsmaßnahmen dankbar.

Der zunehmende Mond

hat eine zuführende Qualität; Nähr- und Aufbaustoffe kommen dem Körper zugute (ob es sich um eine Gesichtsmaske oder ein Aufbaupräparat zum Einnehmen handelt), er speichert Verabreichtes besser, sammelt die zugeführten Kräfte.

Allerdings auch alles, was Sie essen. Daher ist, wenn Sie auf Ihre schlanke Linie achten möchten, in dieser Zeit etwas Zurückhaltung angebracht. Je mehr der Mond zunimmt, desto weniger gut heilen Verletzungen. Während der Zeit des zunehmenden Mondes ist Planung angesagt, Energiezufuhr, Schonung und Erholung; der Körper nimmt auf und speichert. Eine gute Zeit für einen Erholungsurlaub.

Die Auswirkung in der Natur ist anders als beim Menschen: Bei zunehmendem Mond steigen die Säfte, das Wachstum über der Erde ist begünstigt. Die Erde selbst nimmt nicht auf.

Nach ungefähr 13 bis 14 Tagen ist dann diese erste Phase abgeschlossen.

VOLLMOND

Er wird von jeher von Menschen besungen und von Hunden angeheult – Liebende fallen sich in die Arme und Schlafwandler vom Dach.

DER RICHTUNGSWECHSEL DER MONDIMPULSE SETZT STARKE ENERGIEN FREI. EINE GUTE ZEIT, UM SICH MIT SEELISCHEN KONFLIKTEN AUSEINANDER ZU SETZEN.

Warum, fragte mich einmal eine junge Frau, muss man sofort seufzen, wenn man den Vollmond anschaut? Der Mond steht für unser Gefühl, und ein großer Mond ist eben ein großes Gefühl, könnte man antworten. Es ist ganz einfach so, dass der Mond am Punkt seiner Wandlung von zu- nach abnehmend Kräfte und Emotionen in gewaltigem Umfang freisetzt, die sich bei Menschen, Tieren und Pflanzen gleichermaßen bemerkbar machen.

Die Zeit des Vollmondes ist praktisch der Augenblick des Umschaltens vom Aufnehmen zum Abgeben.

Wenn man das versteht, dann sind sämtliche Vollmondmärchen plötzlich entzaubert: dass Hölzer absterben, wenn man sie mit der Schere berührt, dass Wunden plötzlich anfangen zu bluten, dass Katzen schreien und dass nach Wurzeln gegraben wird, deren Heilkraft man braucht. Man versteht auch, dass Heiratsinstitute, Notärzte, Rechtsanwälte und Polizisten an diesem Tag Hochkonjunktur haben.

Schon am nächsten Tag sieht alles anders aus, der Mond beginnt abzunehmen und wird in den nächsten beiden Wochen immer schmaler.

DER ABNEHMENDE MOND

hat eine abgebende Qualität. Wie schon vorher beschrieben, ist die Zeit günstig für Operationen. Alles, was mit Entgiftung und Entschlackung zu tun hat, wird guten Erfolg zeigen. Ausspülen und Ausschwitzen ist die Devise des abnehmenden Mondes. Ihr Körper ist grundsätzlich auf Aktivität und Energieabgabe eingestellt, ob es sich nun um Hausarbeit oder Sport handelt.

Sie können Ihre Aktivität entweder für das Spülen und Reinigen im Haushalt verwenden, auch viele Arbeiten im Garten sind begünstigt, oder Sie machen einen Urlaub, von dem Sie mehr Aktivität und Abenteuer als Erholung erwarten. Dann ist es an der Zeit, die Rösser zu satteln. Kleinere Sünden wider die schlanke Linie schlagen nicht so zu Buche.

In der Natur ist es wieder umgekehrt wie beim Menschen: Die Säfte ziehen zur Wurzel, die Erde nimmt auf. So saugt die Erde bei abnehmendem Mond viel Wasser auf, bei zunehmendem nicht. Daher gibt es bei abnehmendem Mond kaum Überschwemmungen.

Im Lauf der vergangenen 14 Tage ist die Mondsichel immer dünner geworden – der Mond ist scheinbar verschwunden. Rein astronomisch gesehen kommt er auf seiner Umlaufbahn sozusagen zwischen Erde und Sonne zu stehen, und wir können ihn nicht sehen, weil wir auf seine dunkle Seite blicken. Es ist

ALLE KÖRPERLICHEN UND SEELISCHEN KRÄFTE SIND GESTÄRKT UND KÖNNEN FREIGESETZT WERDEN. OPERATIONEN GELINGEN JETZT BESSER, WUNDEN HEILEN SCHNELLER.

NEUMOND

Zu der Zeit, zu der die Sonne in einem Zeichen steht, steht folglich auch der Neumond darin – eine gute Merkhilfe.

Von da ab steht jeweils der abnehmende Mond ein halbes Jahr in diesem Zeichen, weil durch die Differenz von Mondumlauf und Monatsdauer quasi von Monat zu Monat »später« Neumond ist. An Neumond ist die Entgiftungsbereitschaft des Körpers am höchsten, der Neumondtag wäre ein idealer Fastentag – in jedem Monat. In der Natur: An Neumond beschnittene Bäume werden wieder gesund.

NEUANFÄNGE SIND BEGÜNSTIGT. DIE BESTE ZEIT, SCHLECHTE GEWOHNHEITEN AUFZUGEBEN.

Die Mondphasen im Überblick

Zeichen	Neumond	abnehmender Mond	Vollmond	zunehmender Mond
Widder	April	April – Okt.	Okt.	Okt. – April
Stier	Mai	Mai – Nov.	Nov.	Nov. – Mai
Zwilling	Juni	Juni – Dez.	Dez.	Dez. – Juni
Krebs	Juli	Juli – Jan.	Jan.	Jan. – Juli
Löwe	Aug.	Aug. – Febr.	Febr.	Febr. – Aug.
Jungfrau	Sept.	Sept. – März	März	März – Sept.
Waage	Okt.	Okt. – April	April	April – Okt.
Skorpion	Nov.	Nov. – Mai	Mai	Mai – Nov.
Schütze	Dez.	Dez. – Juni	Juni	Juni – Dez.
Steinbock	Jan.	Jan. – Juli	Juli	Juli – Jan.
Wassermann	Febr.	Febr. – Aug.	Aug.	Aug. – Febr.
Fische	März	März – Sept.	Sept.	Sept. – März

Es gibt noch zwei weitere Mondqualitäten, die zwar mehr für die Pflanzenwelt von Bedeutung sind, aber unter Umständen auch Beachtung finden können, um einen nicht ganz idealen Zeitpunkt für eine gesundheitliche Maßnahme zu optimieren oder im Haushalt ein besseres Ergebnis zu erzielen. Es sind dies der aufsteigende und der absteigende Mond. Diese beiden Mondzustände haben nichts mit zu- oder abnehmend zu tun, sondern damit, wie der Mond im Tierkreis steht.

Die aufsteigende Mondqualität

besitzen alle Tierkreiszeichen zwischen der Winter- und der Sommersonnenwende, also von Schütze über Steinbock, Wassermann, Fische, Widder bis Stier bzw. Zwilling (Wendepunkt). Eine gute Merkhilfe: In der ersten Jahreshälfte steigt das Jahr auf .

AUFSTEIGEND: KOPF, GESICHT, KIEFER, HALS, NACKEN, OBERSCHENKEL, VENEN, KNIE, HAUT, KNOCHEN, UNTERSCHENKEL, FÜSSE, ZEHEN.

Die Wirkung des aufsteigenden Mondes auf die Natur ist ähnlich der des zunchmenden Mondes: Wachstum und Ausdehnung über der Erde herrschen vor, sie atmet sozusagen aus.

Die absteigende Mondqualität

besitzen alle Tierkreiszeichen von Juni bis Dezember, also Zwilling, Krebs, Löwe, Jungfrau, Waage und Skorpion bzw. Schütze (Wendepunkt). Als Merkhilfe: In der zweiten Jahreshälfte geht das Jahr zur Neige.

ABSTEIGEND: SCHULTERN, ARME, HÄNDE, MAGEN, LUNGE, GALLE, LEBER, HERZ, KREISLAUF, BLUTDRUCK, STOFFWECHSEL, VERDAUUNG, HÜFTE, NIEREN, BLASE, GESCHLECHTSORGANE, HARNLEITER.

Die Wirkung des absteigenden Mondes auf die Natur ist ähnlich der des abnehmenden Mondes: Reife und Ernte, unterirdisches Wachstum herrschen vor, die Erde atmet sozusagen ein.

Beim Menschen ist die auf- bzw. absteigende Qualität danach anzuwenden, ob ein Körperteil dem auf- oder absteigenden Mond zugeordnet ist (siehe rechten Rand).

BEI DER WAHL DES GÜNSTIGSTEN MOMENTES GIBT ES IMMER ALTERNATIVEN.

Ein Beispiel, und Sie werden sehen: Es ist nicht halb so kompliziert, wie es im ersten Augenblick klingt. Wenn Sie Ihre Wäsche nicht bei abnehmendem Mond an einem Wassertag waschen können, sondern der Waschtag bei zunehmendem Mond fällig wird, dann kann man wenigstens auf einen Wassertag zurückgreifen, und zwar auf einen, der absteigende Qualität hat. Das wäre in diesem Fall ein Krebstag (zwischen Januar und Juli) oder ein Skorpiontag (zwischen Mai und November). Entsprechend verfahren Sie auf allen anderen Gebieten auch.

Damit Sie sich mit der Zeit immer besser im Tierkreis zurechtfinden, habe ich das im Horoskop jeweils gegenüberliegende Zeichen mit aufgeführt. In gewissem Maß gilt auch hier, was ich bereits bei den Sonnenzeichen erwähnt habe. Wenn Sie einen bestimmten Abschnitt studiert haben, suchen Sie das gegenüberliegende Zeichen auf. Besonders bei körperlichen Auffälligkeiten können dort wertvolle Hinweise zu finden sein. Auf jeden Fall aber hilft Ihnen der Blick auf das Visavis, das Ganze besser zu verstehen.

BESONDERS REPRÄSENTATIVE RÄUME WURDEN GERN MIT DER DARSTELLUNG DER TIERKREISZEICHEN VERSEHEN, WIE HIER IN DER VILLA FARNESINA IN ROM.

Das Jahr im Rhythmus der Gestirne

Auf den folgenden Seiten wollen wir gemeinsam ein Jahr durchschreiten – von Monat zu Monat. Für jeden finden Sie neben altbewährten Bauernregeln und Volksweisheiten die Wetterregeln nach dem 100-jährigen Kalender, eine ausführliche Charakterisierung des in diesem Monat herrschenden Sonnenzeichens und der entsprechenden Mondrhythmen mit vielen praktischen Hinweisen für Gesundheit und Schönheit, für Haushalt, Balkon und Garten. Wann der Mond in welchem Tierkreiszeichen steht, entnehmen Sie bitte dem Mondkalender für die Jahre 1999 bis 2004 im Anhang dieses Buches.

WETTERREGELN, SONNENZEICHEN, MONDRHYTHMEN, HINWEISE FÜR GESUNDHEIT, SCHÖNHEIT, HAUS UND GARTEN.

DAS GANZE JAHR STEHT UNTER DEM UMFASSENDEN EINFLUSS DER GESTIRNE UND VERÄNDERT ENTSPRECHEND SEINEN CHARAKTER.

April

ALTE NAMEN FÜR DEN APRIL SIND: APRILIS, LAUNING, OSTERMOND.

Sturm und Wind an Rosamunde (2.)
bringt eine gute Kunde

Heller Mondschein im April
schadet den Blüten viel

Bald trüb und rau, bald licht und mild,
ist der April des Menschen Bild

Ist der April schön und rein,
wird der Mai umso wilder sein

April, dein Segen heisst Sonne und Regen
Bloss den Hagel, den häng an den Nagel

Regen auf Walpurgisnacht (30.)
hat immer gutes Jahr gebracht

Das Wetter

NACH DEM 100-JÄHRIGEN KALENDER

Am 21. März, zur Tagundnachtgleiche im Frühling, beginnt das neue astrologische Jahr. Mit diesem Tag schreibt man also erst die Jahreszahl, die wir seit dem 1. Januar benutzen. Damit hat auch der Jahresherrscher gewechselt und ein neuer seine Regentschaft angetreten.

DEN GERADE GÜLTIGEN JAHRESHERRSCHER KÖNNEN SIE AUF SEITE 12 FINDEN.

♄ Saturnjahr: Anfang April ist es etwas wärmer, ab Mitte des Monats wird es häufig kälter.

♃ Jupiterjahr: Der Vorjahresherrscher Saturn hat das Jahr sehr kalt beendet. Deswegen braucht es auch unter Jupiter noch eine Weile, bis die Kälte vertrieben ist. Bis weit in den April hinein noch kalt.

♂ Marsjahr: Noch Morgenfrost bis Mitte April. Gelegentlich noch Schnee, der später in Regen über geht. Gegen Ende April wird es schön und warm.

☉ Sonnenjahr: Anfänglich noch feucht; unbeständig.

♀ Venusjahr: Feucht und wechselhaft, ziemlich kühl. Es friert zu Beginn und am Ende des Monats.

☿ Merkurjahr: In den ersten drei Wochen des Monats ist es trocken und kalt, dann folgt laue Luft.

☽ Mondjahr: Bis Monatsmitte viel Regen, danach ein paar warme Tage mit unterirdischem Frost. Kalt und stürmisch. Wenn jetzt wenig Regen fällt, dann kommt er im Juni und Juli um so heftiger!

Sonnenzeichen *Widder*

21. März bis 20. April
Element: Feuer
Herrscher: Mars ♂
Gegenüberliegendes Zeichen: Waage ♎
(mit Herrscher Venus ♀)
Mythologie: griech. Ares, röm. Mars

Bei seinen Kämpfen begleiten Mars so angenehme Gesellen wie Deimos (Angst), Phobos (Furcht) und Eris (Streit).

Ares (Mars), der wilde Sohn von Zeus (Jupiter) und Hera, wird von (fast) allen gefürchtet wegen seiner Zornesausbrüche und seiner alles niederwalzenden Kriegslust. Er hat kein Empfinden für Gut und Böse, er folgt seinen ungesteuerten Impulsen und ist einfach reine Energie, Kraft, die drängend nach vorne stürmt. Die Kampfart des Mars ist zwar geradeaus und ehrlich, stürmisch und durchschlagend, aber nicht besonders raffiniert. Mehr als einmal erleidet er trotz seiner Kraft und seines Willens eine heftige Niederlage. Hermes (Merkur) entwendet ihm sein Schwert, Athene schlägt ihn mit einem Schlag zu Boden, und zwei gewöhnliche Sterbliche setzen ihn in einer Flasche gefangen.

Dass der triebhafte Kriegsgott zahlreiche Kinder mit verschiedenen Geliebten zeugt, überrascht nicht sehr. Seine leidenschaftlichste Beziehung aber hat er zu bzw. mit Aphrodite (Venus). Auch hier geht er nicht sehr geschickt vor. Er lässt sich beispielsweise von

Aphrodites Ehemann, Hephaistos, beim Ehebruch ertappen und wird zum Gespött der anderen Götter des Olymps.

Astrologische Entsprechung

Der Widder, das erste Zeichen im Horoskop, steht auch für allen Anfang: die ersten Keime des Frühjahrs, die ersten Keime eines Gedankens, Entdeckung und Aufbruch. Der Widder symbolisiert Energie, die nötige Aktivität, etwas zu beginnen.

Energie: Einen Widdermenschen erkennt man oft daran, dass er, wo immer er auftritt, seinen Anspruch auf Anerkennung geltend macht. Widdermenschen sind oft außerordentlich dynamisch, allerdings fehlt es dann gern an dem nötigen Durchhaltevermögen. Beispielsweise tapeziert er das Wohnzimmer; nach der Hälfte heuert er einen Kumpel an und fährt an den Gardasee zum Surfen, weil der Wetterbericht guten Wind verspricht. Widder können eine ziemlich ichbezogene Durchsetzung haben, das heißt, wenn es nicht um ihre ureigenen Interessen geht, verfolgen sie eine Sache nicht sonderlich leidenschaftlich. Auch Rücksicht liegt so manchem Widder nicht besonders.

EIN ROTER SPORTWAGEN AUF DER LINKEN SPUR DER AUTOBAHN MIT 200 STUNDENKILOMETERN UND PERMANENT BETÄTIGTER LICHTHUPE – DAS WÄRE Z. B. EIN WIDDER, DER AUS SEINEN MARSISCHEN FÄHIGKEITEN NICHT DAS BESTE GEMACHT HAT.

Wille: Man darf den unbändigen Willen eines Widders nicht unterschätzen. Er will seinen Willen erfüllt sehen – und zwar am besten sofort. Und er will siegen – auch am besten so schnell wie möglich. Allerdings kann er Niederlagen erleiden, weil er nicht genügend überlegt hat, und dies wiederum führt zu Unvorsichtigkeiten, über die er stolpern kann.

Haben Widder einmal gelernt, ihre Kräfte sinnvoll zu bündeln, können sie viel bewegen: Sie eignen sich für Pionierarbeit, entwickeln Initiative, wo andere nur staunend schauen, und verfügen über ein schier unerschöpfliches Energiereservoir.

Jeder, der mit einem ausgewachsenen Widder zu tun hat, wird dessen Ehrlichkeit zu schätzen wissen. Ein Widder kann eine gute

Führernatur sein, wenn er mit seinen Aggressionen angemessen umgehen kann bzw. sein Selbstvertrauen in seine eigenen Fähigkeiten investiert. Menschen, denen die Widder/Mars-Thematik sehr vertraut ist, sollten nicht immer siegen wollen und entspannt an die Dinge herangehen. Sie müssen Geduld lernen und sich ihre Handlungen immer wieder bewusst machen.

ZU DEN KONSTRUKTIV EINGESETZTEN WIDDER/MARS-EIGENSCHAFTEN GEHÖREN: GESUNDE KAMPFESLUST, KRAFTEINSATZ, ERFOLGSWILLE, INITIATIVE, MUT UND SCHWUNGVOLLE ENERGIE.

Andererseits kann nun jemand all diese Eigenschaften nicht nur nicht besitzen, sondern offenbar genau das Gegenteil eines Widders sein. Und trotzdem handelt es sich um Widder/Mars-Energie. Beispielsweise kann sich jemand überhaupt nicht durchsetzen, er reagiert mit hilfloser (oft gar nicht nach außen sichtbarer) Wut darauf, dass andere mit ihm machen, was sie wollen (Denken Sie an den in der Flasche eingesperrten, tobenden Ares!). Hier wird auf andere Weise mit dem Kräftepotenzial nicht richtig umgegangen, sondern durch andere Menschen »erlitten«. Solche Menschen sind dann nicht gewaltsam, sondern erleiden Gewaltsamkeiten, sind das Opfer hemmungsloser Rücksichtslosigkeit oder haben Leute um sich, die sie ständig zu Höchstleistungen antreiben wollen. Auch Niedergeschlagenheit dokumentiert eindrücklich, dass sich Mars in irgendeiner Ecke des Horoskops verkrochen hat.

Unter einer konstruktiv eingesetzten Widder/Mars-Energie versteht man gesunde Kampfeslust, Krafteinsatz, Erfolgswillen, Initiative, Mut und schwungvolle Energie, ohne die wir überhaupt nicht auskommen in unserem Leben – auch wenn so mancher denkt, er sei zu »fein« dazu, sich gegenüber anderen durchzusetzen.

Gesundheitlich werden Widder/Mars zugeordnet:

Schnupfen, Kopfschmerzen und Migräne; Fieber, Entzündungen und ständige Schmerzen; Nasenbluten (bei zu hohem Blutdruck in Verbindung mit Sonne); Gesichtsverletzungen, Nägelbeißen, Haarausfall; kurzer heftiger Ärger (Jähzorn); Rötungen und Erröten, Allergien, Zahnweh, Gallenkoliken, Anämie (siehe auch Jungfrau) und Potenzprobleme.

Der Mond im *Widder*

- ● Neumond im Widder
- ☾ Abnehmender Mond von April bis Oktober
- ☽ Zunehmender Mond von Oktober bis April
- ◡ Qualität aufsteigend
- ♈ Widdertage sind Frucht- und Wärmetage
- ♎ Waage ist das gegenüberliegende Zeichen

Gesundheit und Schönheit

An Widdertagen: Wenn Zahnbehandlungen – oder sogar Zahnoperationen – anstehen, sollten diese bei abnehmendem Mond vorgenommen werden. Kronen und Brücken sollten nach Möglichkeit zwischen April und Oktober eingesetzt werden. Wie schon im Einleitungskapitel erwähnt, meiden Sie aber die Tage, an denen der Mond im Widder steht (bei Kieferoperationen die Stiertage meiden).

Die Nagelpflege legen Sie geeigneterweise auf die Widdertage. Wer zu Kopfschmerzen neigt, wird wahrscheinlich die Widdertage spüren. An diesen Tagen sollte man sich, wenn es einzurichten ist, nicht zuviel vornehmen. Entspannen und ausruhen ist die Devise. An den Mond-Wendepunkten des Widders (März/April und September/Oktober) sind häufig die am meisten spürbaren »Kopfwehtage«. Johanna Paungger (siehe Quellenhin-

AN WELCHEN TAGEN DER MOND IM WIDDER STEHT, ENTNEHMEN SIE DEN MONDKALENDERN IM ANHANG.

weise) empfiehlt, an diesen Tagen viel klares Wasser zu trinken. Bei verstopfter Nase oder Schnupfen tut an einem Widdertag ein Kamillendampfbad oder eine Inhalation mit Kamillendampf außerordentlich gut. Besonders an den Widdertagen des »abnehmenden« Zeitraums sind diverse Entzündungen gut zu behandeln. Handelt es sich um länger andauernde Prozesse, dann sind – wie immer, wenn es darum geht, etwas loszuwerden – Behandlungen im abnehmenden Mond günstig.

Auch Gallentee an Widdertagen ist eine gute Vorbeugemaßnahme.

AN DEN WIDDERTAGEN, AN DENEN DER MOND ZUNIMMT – ALSO AB OKTOBER – WIRKEN ZUFÜHRENDE MASSNAHMEN BESONDERS GUT.

An den Widdertagen, an denen der Mond zunimmt – also ab Oktober – schlagen zuführende Maßnahmen um einiges besser an als sonst. Beispielsweise können Sie für die Pflege von Nägeln und Haaren an Widdertagen Kieselsäure (oder andere Präparate) nehmen (siehe zu Haaren aber vor allem Löwe).

Der Mond im Haushalt

Wenn Sie jetzt Ihre Wintersachen für diese Saison »verschwinden lassen« wollen, reinigen Sie sie nochmal – wie immer, wenn etwas entfernt werden soll – bei abnehmendem Mond; das tut Gewebe und Farben gut. Alle Kleidungsstücke – auch frisch gereinigte – sollten nochmal gründlich ausgelüftet werden, ehe sie weggepackt werden. Nehmen Sie dazu die Lufttage (Zwilling, Waage und Wassermann), egal, ob bei zu- oder abnehmendem Mond.

LUFTTAGE: WENN DER MOND IN DEN ZWILLINGEN, IN DER WAAGE ODER IM WASSERMANN STEHT.

WASSERTAGE: WENN DER MOND IM KREBS, SKORPION ODER IN DEN FISCHEN STEHT.

Waschen sollte man an Wassertagen (Krebs, Skorpion und Fische), chemisch reinigen grundsätzlich an allen Tagen mit abnehmendem Mond außer an Steinbocktagen, die angeblich »Glanz« auf die Kleidungsstücke bringen sollen. Ich habe zwar diese Erfahrung noch nicht machen müssen, aber die Regel scheint mir sehr einleuchtend zu sein.

Ebenso gehören Ihre dicken Winterschuhe noch behandelt, bevor sie den Sommerschlaf antreten. Bei abnehmendem Mond gründlich reinigen und imprägnieren. Sollen die Schuhe noch einmal richtig mit Schuhcreme verwöhnt werden, eignet sich der zunehmende Mond dazu besser.

Balkon und Garten

Der April wird nicht umsonst von den Bauern »Keim-Mond« genannt. Der ständige Wechsel zwischen Regen und Sonnenschein läßt die Saaten aufgehen. Meist hat sich der Frühling jetzt schon endgültig durchgesetzt und präsentiert stolz seinen Frühlingsblumenstrauß. Im Garten können die ersten Sä- und Pflanzaktivitäten gestartet werden(z. B. Radieschen, Salat).

IM GARTEN KÖNNEN DIE ERSTEN PFLANZEN GESÄT ODER GESETZT WERDEN.

Im allgemeinen ist man froh, wenn man einen schön zugewachsenen Garten hat, aber es kann ja sein, dass man ein Stück für Nutzbeete braucht. Der 3. April ist ein guter Tag, um eine Rodung vorzunehmen. Sträucher wachsen dann nicht mehr nach. (Gute Termine sind auch der 22. Juni, der 30. Juli und Ende Februar.)

Bei abnehmendem Mond (April bis Oktober) sollte man das Düngen von Obst und Gemüse sowie das Ausschneiden von Obstbäumen einplanen.

Für Widdertage im zunehmenden Mond (Oktober bis April) sollte man sich das Veredeln von Obstbäumen vornehmen.

Säen und pflanzen im April

Pflanzen: Knollen und Zwiebeln von Blumen, die im Sommer blühen sollen: Anemonen, Dahlien, Gladiolen, Lilien, Sommerhyazinthen, Ranunkeln.Außerdem gehören jetzt die Erdbeeren gepflanzt.

Gemüsesaat: Radieschen, Salat, Möhren, alle Kohlsorten, Erbsen, Zucchini.

Gewürzkräutersaat: Dill, Bohnenkraut, Petersilie, Kerbel, Schnittlauch, Kresse. Die meisten Blumenzwiebeln können jetzt schon in die Blumenkästen auf dem Balkon gesteckt werden. Bei Frostgefahr soll man sie leicht abdecken.

Die vier Winde

JEDES ELEMENT IST MÄCHTIG. UND ZWISCHEN LEBENSNOTWENDIGER MACHT UND LEBENSBEDROHLICHER GEWALT IST DER ÜBERGANG OFT FLIESSEND.

Weht der Wind aus West/Nordwest
(Atlantik, Island, Grönland, Nordmeer),
bringt er maritime Polarluft und damit
Wolken und Regen.
Das Wetter wird im Sommer kühl,
im Winter mäßig kalt.

Weht der Wind aus Ost, Nordost und
Nord – im Winter auch aus Südost
(Russland, Skandinavien, Balkan),
bringt er kontinentale Polarluft mit,
wenig Wolken und wenig Regen.
Das Wetter bringt im Sommer Wärme,
im Winter große Kälte.

Weht der Wind aus Südwest und Süd
(Azoren und Mittelmeer), bringt er
maritime Subtropikluft, viele Wolken
und Regen mit. Im Sommer wird es
dadurch schwülwarm, im Winter mild.

Der Föhn

Föhn ist ein warmer und trockener Fallwind.

Er weht vom Gebirge her in die Alpentäler
und ins Alpenvorland.

Föhn entsteht immer dann,
wenn feuchtwarme Luft vom Mittelmeer her
gegen die Südseite der Alpen geführt wird.

Steigt die Luft dann auf, so bilden sich
in Oberitalien mächtige Wolken,
anhaltende Regenfälle folgen.

Nach dem Überqueren des Alpenkammes
sinkt die Luft auf der Alpennordseite ab,
erwärmt sich – und fertig ist der Föhn.

Durch die warme Luft verflüchtigen sich
die tieferen Wolken – und schon hat man eine
traumhafte Fernsicht.

DER FÖHN IST BERÜHMT-BERÜCHTIGT DAFÜR, KOPFWEH ZU VERURSACHEN. VIELLEICHT SIND DESHALB VIELE MENSCHEN ZU DIESER ZEIT LEICHT REIZBAR.

Mai

ALTE NAMEN FÜR DEN MAI SIND: MAIUS, WONNE-MONAT, WEIDE-MONAT.

Der Florian, der Florian (4.),
der noch einen Schneehut setzen kann

Mairegen auf die Saaten
ist wie Dukaten

Vor Nachtfrost sicher bist du nicht,
bevor Sophie (15.) vorüber ist

Übermässig warmer Mai
will, dass der Juni voller Nässe sei

Scheint am Urbanstag (25.) die Sonne,
so gerät der Wein zur Wonne.
Regnet's aber, nimmt er Schaden,
und wird selten wohl geraten

Das Wetter

NACH DEM 100-JÄHRIGEN KALENDER

♄ **Saturnjahr:** Die Tage sind schön, die Nächte aber kalt. Nicht viel Regen, aber Reif in den Nächten.

♃ **Jupiterjahr:** Noch immer kalt und feucht; nur um die Monatsmitte gibt es eineinhalb Wochen lang angenehm warmes Wetter.

♂ **Marsjahr:** Viel Raureif und kühle Luft. In der ersten Woche rau und trüb, danach vorübergehend milder. Um die Mitte friert's wieder, es wird trüb und windig, mit Raureif – bis zum Ende des Monats.

☉ **Sonnenjahr:** Zu Beginn schön und trocken. Gegen Monatsende friert es noch einmal.

♀ **Venusjahr:** Ein schöner Maianfang, aber nach der ersten Woche Regen. Ab Monatsmitte schönes Wetter, zwischendurch aber auch noch ein paar Tage mit kalter Luft.

☿ **Merkurjahr:** Anfangs noch warm mit lauer Luft, dann aber windig und kühl, gegen Ende wieder schön.

☽ **Mondjahr:** Bis Monatsmitte warm bis heiß mit gelegentlichem Regen, danach sehr kalt, eventuell mit Hagel.

DER MONATSNAME GEHT BEZEICHNENDERWEISE AUF DIE GRIECHISCHE ERD- UND WACHSTUMSGÖTTIN MAIA ZURÜCK.

Sonnenzeichen

Stier

21. April bis 20. Mai
Element: Erde
Herrscher: Venus ♀
Gegenüberliegendes Zeichen: Skorpion ♏
(mit Herrscher Pluto ♇)
Mythologie: griech. Aphrodite, röm. Venus

Venus liebt das Angenehme und Schöne, den Luxus, die schönen Künste; sie beschenkt großzügig und verzeiht großmütig.

Der bekannteste Mythos über die Geburt der Venus sagt, dass Kronos (Saturn) seinen Vater, den Himmelsgott Uranos, mit einer Sichel entmannt und das abgetrennte Glied ins Meer schleudert. Es bildet sich weißer Schaum, und daraus entsteigt Aphrodite, die »Schaumgeborene«. Eigentlich ist sie dann mit Hephaistos, dem genialen Kunstschmied, verheiratet, der leider ziemlich hässlich ist. Die Liebesgöttin aber – schön und strahlend, glühend, ungezügelt und voll Sinnenlust – wendet sich dem Kriegsgott Mars zu und hat mit ihm ein leidenschaftliches Verhältnis. Venus liebt das Angenehme und Schöne, den Luxus, die schönen Künste; sie beschenkt großzügig und verzeiht großmütig. Sie kann allerdings auch unendlich leiden, wenn sie verliert, was sie liebt. Venus verliebt sich nämlich sehr in den schönen Adonis, und als Mars dahinterkommt, tötet er Adonis. Venus aber tritt sogar mit der Unterwelt in Verbindung. Denn wenn Venus liebt, ist sie hingabe- und opferbereit, aber auch eifersüchtig, und will die totale Verschmelzung. Nicht einmal der Tod soll sie trennen.

Astrologische Entsprechung

Die Venus ist Herrscherin von Stier und Waage. Als Waage-Regentin spricht sie, neben der ästhetischen Seite und ihrem Sinn für Schönheit und Schönes, die Aspekte der gleichberechtigten Partnerschaft an, dort geht es also um die ausgleichenden Kräfte. Im Stier ist mehr die bewahrende bis festhaltende und die genussfähige bis genusssüchtige Seite der Venus zu finden, ebenso das Künstlerische und Kunstliebende.

Eigenschaften: Stiere haben gerne »was Solides« in fast jeder Hinsicht. Ob es sich um ein Auto, ein Haus, eine Geschäftsverbindung oder um Freunde handelt. Der Partner darf ruhig etwas ausgefallen sein, wenn er nur verlässlich ist und etwas »darstellt«. Der Stier arbeitet konsequent auf ein Ziel zu und ist zufrieden, wenn er es erreicht hat. Etwas herzugeben, seine Energien anderweitig einzusetzen, jede Umorientierung fällt ihm schwer. Seine »Lieben« versammelt er gerne wie eine Glucke unter dem Federkleid, und wenn einer »flüchten« will, scheucht er ihn ganz schnell wieder zurück oder versucht es zumindest. Ob Partner, Kinder, Freunde – eigentlich sind sie alle sein Eigentum. Umgekehrt aber ist es weder einfach noch ratsam, sich um die Angelegenheiten eines Stieres zu kümmern – es sei denn, er bittet ausdrücklich darum.

DER STIER ARBEITET KONSEQUENT AUF EIN ZIEL ZU UND IST DANN AUCH ZUFRIEDEN, WENN ER ES ERREICHT HAT. ETWAS HERZUGEBEN, SEINE ENERGIEN ANDERWEITIG EINZUSETZEN, JEDE UMORIENTIERUNG FÄLLT IHM SCHWER.

Seelisches und Materielles: Der Stier ist im allgemeinen recht empfindlich, wenn man ungebeten in sein »Revier« eindringt. Die Türe steht nicht für jedermann offen – weder die zu seinem Haus noch die zu seiner Seele. Kann ein Stier seinen Eigenraum nicht verteidigen, so leidet er darunter.

Ein weiterer wichtiger Faktor sind materielle Dinge und materielle Sicherheit, aber ein Stier tut gern des Guten zu viel. Das ist so zu verstehen: Wenn ein Mensch mühelos mit seinen materiellen Gegebenheiten umgehen kann, so passen die Dinge auch. In dem Augenblick, in dem aber Dinge und Lebensumstände anfangen, ihn zu beherrschen statt umgekehrt, ist es ein Zuviel geworden. Viele begreifen das aber nicht und »sind« nur etwas, wenn sie etwas »haben«, sie verwechseln also Wert haben mit wert sein.

SEINE GENÜSSE SIND DEM STIER SEHR WICHTIG, UND ER TUT VIEL, UM SIE ZU STILLEN. DAS HEISST, DASS ER IMMER DAFÜR SORGEN WIRD, DASS DIE SCHÖNEN DINGE DES LEBENS NICHT ZU KURZ KOMMEN.

Seine Genüsse sind dem Stier ebenfalls sehr wichtig, und er tut viel, um ihnen zu frönen – mit aller ihm zur Verfügung stehenden Sinnlichkeit und Gemütlichkeit. Das heißt, dass er immer dafür sorgen wird, dass die schönen Dinge des Lebens nicht zu kurz kommen. Gepflegter Kleidung, gutem Essen, der Kunst und wertvollen, schönen Dingen gehört sein Herz. Und in seiner Großzügigkeit teilt er alles gern – am liebsten mit dem Menschen, den er liebt.

Ratschlag: Einem Menschen mit Stier/Venus-Themen ist zu raten, Beweglichkeit zu lernen, besonders in der zweiten Lebenshälfte nicht zu träge zu werden – mit zu viel Hausmannskost und einem zu üppigen Leben. Auch sollte dieser Mensch daran denken, dass ein zu großes Sicherheitsbedürfnis und Besitzstreben die Freiheit einschränken. Wenn jemand z. B. feststellt, dass er ständig im Vorgarten eines anderen Menschen steht, sollte er über diese »Grenzüberschreitungen« nachdenken; er überschätzt sich möglicherweise in seinem Wert ganz erheblich. Allerdings kann eine solche Inbesitznahme auch wiederum nur bei Menschen gelingen, die sich in ihrem Wert unterschätzen – das heißt, beide müssten sich genauer betrachten und ihre Beziehung zueinander ruhig einmal überdenken. Das kann ihr neue Inhalte und mehr Sicherheit geben.

Gesundheitlich werden dem Stier/der Venus zugeordnet:

Nackenverspannungen, Hals- und Mandelentzündungen, Angina, Mumps, Kehlkopfentzündungen; Zahn- und Rachenprobleme; Heiserkeit, Probleme der Zunge als Sinnesorgan; Gewichtsprobleme; Störungen der Schilddrüsenfunktion.

Der Mond im *Stier*

- ● Neumond im Stier
- ☾ Abnehmender Mond von Mai bis November
- ☽ Zunehmender Mond von November bis Mai
- ◡ Qualität aufsteigend
- ♉ Stiertage sind Wurzel- und Kältetage
- ♏ Skorpion ist das gegenüberliegende Zeichen

Gesundheit und Schönheit

Sollte das Thema »Entfernung der Rachenmandeln« bei Ihnen anstehen, so achten Sie auf den Zeitpunkt der Operation – außer in dringenden Fällen. Die Operation soll zwar in der Zeit stattfinden, in der sich der abnehmende Mond im Stier befindet, nicht aber an einem Stiertag selbst vorgenommen werden.

An den Stiertagen – egal ob zu- oder abnehmender Mond – sollten Sie immer darauf Acht geben, dass Sie keine Zugluft erwischen, sonst laufen Sie am nächsten Tag bestimmt mit einem steifen Genick herum. Ein Schal, der den Hals innen und außen schön warm hält, sollte zur Hand sein. Haben Sie sich bereits eine Halsentzündung eingehandelt, schlagen die entsprechenden medizinischen Maßnahmen natürlich am Stiertag besser an.

An Stiertagen ist das Risiko einer Hals- oder Rachenentzündung besonders hoch.

An Stiertagen tun Massagen gegen Nackenverspannungen besonders gut! Ebenfalls an Stiertagen wäre eine vegetarische Kost ein ideales Gegengewicht, wenn man sonst relativ üppig isst. Sehr gut in diese Jahreszeit passen köstliche und ungewöhnliche

Wiesen-Salate:

Gänseblümchenblüten, Löwenzahnblätter, Brennesselblätter, mit Liebe gewürzt – und mit frischen Kräutern und Blättern:

- im April: Gundermann, Frühlingszwiebel
- im Mai: Waldmeister, Bärlauchblätter, Erdbeerblätter
- im Juni: Petersilie, Schnittlauch, Borretsch, Dill, Estragon und Kerbel, Majoran, Thymian, Pfefferminze und Kresse, Salbei, Kamille
- im Juli: Basilikum, Bohnenkraut

Körperliche Aktivität zahlt sich jetzt besonders aus.

Ab November befindet sich der Stier ein halbes Jahr im zunehmenden Mond; das wären gute Tage für viel körperliche Bewegung und Betätigung. Auf diese Art und Weise geraten Sie auch nicht in ein »Winter-Bewegungs-Defizit«. Ein Abonnement im Fitnesscenter ist eine für Ihren Körper Gewinn bringende Finanzanlage. Außerdem schlägt man den trüben Wintertagen ein Schnippchen.

Der Mond im Haushalt

Wenn der abnehmende Mond im Sternbild der Fische steht, erreicht man die besten Ergebnisse.

»Der Mai macht blanke Augen« heißt ein altes Sprichwort. Mir fällt es allerdings immer dann im Mai ein, wenn ich meine Fenster ansehe. Vor allem westseitig wohnende Stadtmenschen wissen, wovon ich spreche.

Sollte Sie im nächsten Mai neben Frühlingsgefühlen auch die Fensterputzlust überkommen, wählen Sie auf jeden Fall Tage im abnehmenden Mond; am günstigsten sind natürlich die Fischetage, an denen Sie mit geringen Mengen schonender Reinigungsmittel beste Ergebnisse erzielen.

Balkon und Garten

Wenn Mitte Mai die »Eisheiligen« und die »kalte Sophie« endlich überwunden sind, kann's losgehen. Die überwinterten Geranien kommen auf den Balkon, und leere Töpfe und Kästchen warten auf ihre Bepflanzung. Im Garten ist es Zeit, Beete zu hacken. Dabei wird das Unkraut entfernt – am besten an Steinbocktagen und grundsätzlich immer bei abnehmendem Mond –, Torf untergehoben und glatt gerecht. Sehr trockene Beete sollten Sie eine halbe Stunde vor dem Säen und Setzen gießen.

Wenn Sie Ihre Beete schon vor den Eisheiligen anlegen, ist es besser, Saatgut und Setzlinge mit einer Folie abzudecken.

Wenn Sie einen Holzzaun aufstellen wollen, ist es günstig, die Pfosten bei Neumond in die Erde zu schlagen. Die Pflöcke halten dann wie »hineingewachsen«. Auch die Nägel halten besser im Holz. An Erdtagen bei zunehmendem Mond pflanzt man Büsche, Hecken und Bäume. An Stiertagen sollte man Pflanzen düngen (Topfpflanzen in der Wohnung oder Gartenpflanzen), die nicht ordentlich einwurzeln wollen.

ALS EISHEILIGE WERDEN DIE TAGE VOM 10. BIS ZUM 15. MAI BEZEICHNET. IN DIESEM ZEITRAUM TRETEN HÄUFIG NOCH NACHTFRÖSTE AUF.

Säen und pflanzen im Mai

Der Mai ist die beste Pflanzzeit für die meisten Sträucher (z. B. Rhododendron), Stauden (z. B. Sonnenblumen) und Nadelhölzer. Auch Knollen und Zwiebeln von Sommerblumen können noch gesetzt werden.

An Pflanzen kann im Wonnemonat Mai gesetzt werden: Tomaten (auch auf dem Balkon!), Kohl, Sellerie, Porree, Kopfsalat, Gurken, Paprika. Wenn das Gemüse rechtzeitig auf den Tisch kommen soll, ist es Zeit, Bohnen, Spinat, Chicorée und Löwenzahn zu säen. Auf dem Balkon können beispielsweise Oleander, Zitronenbäumchen, Granatäpfel und Lorbeer gesetzt werden. Gleich nach den Eisheiligen können auch empfindliche Gemüse- und Blumenpflänzchen gesetzt werden.

Hausmittel für die Schönheit

BESONDERS FÜR DIE HAUT GIBT ES ZAHLREICHE NATÜRLICHE HELFER.

*Buttermilch als Schönheitsmittel:
Wenn man die Haut damit wäscht, wird sie
rosig und frisch, Fältchen verschwinden.*

*Altersflecken im Gesicht lassen sich
mit Rizinusöl bekämpfen.*

*Gegen zu großporige Haut helfen Essigbäder
(1/2 Liter pro Vollbad).*

*Gegen fettige Haut:
Maske aus 2 Esslöffel Haferflocken
in 4 Esslöffel Milch aufquellen lassen,
aufs Gesicht auftragen,
20 Minuten einwirken lassen.
Wichtig ist, die Maske regelmäßig anzuwenden.*

*Ein Mittel, das gegen Falten
im Gesicht helfen soll:
Die grünen Zapfen der Edeltanne in etwas
Wasser auskochen, durch ein Leinentuch
oder haarfeines Sieb drücken und abends
damit das Gesicht waschen.*

*Ein Eigelb, mit Mandelöl und etwas
Zitronensaft sowie einer Prise Borax
angerührt, ist, als Maske aufgetragen,
gegen Augenfältchen und
eine müde Augenpartie wirksam.*

EINE FRANZÖSICHE EDELDAME ALS FLORA, DIE GÖTTIN DER BLUMEN UND DES BLÜHENDEN GETREIDES. DARSTELLUNG AUS DEM 18. JAHRHUNDERT.

Schnellrezept gegen ein müdes Gesicht: Gesichtsmaske aus leicht geschlagenem Eiweiß 20 Minuten einwirken lassen.

Brüchige Fingernägel abends in heißem Eichenrindentee baden und anschließend mit lanolinhaltiger Salbe einreiben.

Zwiebeln unter kaltem Wasser geschält, brennen nicht in den Augen und die Hände bleiben ohne Zwiebelgeruch.

Juni

ALTE NAMEN FÜR DEN JUNI SIND: JUNIUS, BRACHMOND, JOHANNISMONAT.

Gibt's im Juni Donnerwetter,
wird auch das Getreide fetter.
Bleibt der Juni kühl,
wird's dem Bauern schwül

Wie die Junihitze sich stellt,
so stellt sich auch die Dezemberkält

Regnet es am Siebenschläfertag (27.),
so regnet's noch sieben Wochen danach

Regnet's an Peter und Paul (29.),
wird des Winzers Ernte faul.
Peter und Paul hell und klar
bringt ein gutes Jahr

Das Wetter

NACH DEM 100-JÄHRIGEN KALENDER

♄ **Saturnjahr:** Ziemlich angenehm und warm, aber wechselhaft mit Regentagen.

♃ **Jupiterjahr:** Noch kalt und feucht; das schöne Wetter kann sich nicht so richtig durchsetzen.

♂ **Marsjahr:** Anfangs noch Raureif, raue Luft und etwas Regen. Die längste Zeit des Monats bleibt es dann schön und warm.

☉ **Sonnenjahr:** Bis zur Mitte des Monats noch ziemlich kalt, dann allmähliche Erwärmung.

♀ **Venusjahr:** Die beiden ersten Drittel des Monats sind schön und warm, dann ist es für den Rest des Monats mit dem schönen Wetter vorbei.

☿ **Merkurjahr:** Der Juni ist im Merkurjahr häufig recht kalt und regnerisch.

☽ **Mondjahr:** Im allgemeinen schönes Wetter mit gelegentlichem Regen.

IN DER LANDWIRTSCHAFT WIRD NICHTS AUSGESÄT ODER GEPFLANZT – DAHER DER NAME BRACHMOND.

Sonnenzeichen
Zwilling

21. Mai bis 21. Juni
Element: Luft
Herrscher: Merkur ☿
Gegenüberliegendes Zeichen: Schütze ♐
(mit Herrscher Jupiter ♃)
Mythologie: griech. Hermes, röm. Merkur

Hermes, ein unehelicher Sohn des Göttervaters Zeus, wirft sich von der ersten Minute seines Lebens an sofort ins Geschehen, sorgt für Aufsehen und erwirbt sich mit Schläue, Geschick und Liebenswürdigkeit die Zuneigung der Götter, vor allem aber die des Göttervaters. Er beansprucht seinen Platz im Olymp und wird zum Boten der Götter ernannt – damit ist er Herr über alle Kommunikation. Mit seinem geflügelten Helm und den Sandalen, die seine Schritte beflügeln, vermittelt er zwischen den Göttern und den Menschen. Er kann sich gut ausdrücken, ist schlau, intelligent, geistesgegenwärtig, gewitzt, berechnend, relativierend – alles Eigenschaften, die einen guten Redner, Schreiber und diplomatischen Vermittler ausmachen.

Merkur beansprucht seinen Platz im Olymp und wird zum Boten der Götter ernannt – damit ist er Herr über alle Kommunikation.

Er hat geschickte Hände und spielt mehrere Musikinstrumente, die er auch anfertigt, und er ist nicht nur geistig, sondern auch körperlich sehr beweglich und flink.

Wen wundert es, dass er der Gott der Journalisten, Handwerker, Händler und Diebe ist. Die Tiefen des menschlichen Daseins sind nicht seine Stärke, ihm ist das rasch Verbindende zwischen Menschen wichtig, die oberflächliche Ebene, auf der Menschen zunächst miteinander verkehren.

Astrologische Entsprechung

Der Merkur ist sowohl dem Zwilling als auch der Jungfrau zugeordnet. Während der Jungfrau-Merkur mehr für die genau beobachtende, analysierende Seite und Anpassung zuständig ist, zeigt sich die zwillingshafte Seite des Merkur eher im raschen Denken und Handeln, in der Informationsaufnahme und -weitergabe, im Intellekt, der Kommunikation und den praktischen Fähigkeiten.

Fähigkeiten: Ein Zwillingsmensch ist meist sehr lernbegierig und von den Anlagen her auch sehr befähigt dazu. Gerade für ihn ist es wichtig, »fremdes« Wissen zwar als Ausgangsbasis zu benutzen, dieses aber nicht nur in sich »hineinzustopfen«. Er muss die Vorgänge nachvollziehen und Zusammenhänge verstehen. Das Wissen als solches bildet sozusagen Pfeiler in der Landschaft, das nachvollziehende Denken aber die verbindenden Bögen, damit daraus ein zusammenhängendes Viadukt entstehen kann.

EIN ZWILLINGSMENSCH IST MEIST SEHR LERNBEGIERIG UND VON DEN ANLAGEN HER AUCH SEHR BEFÄHIGT DAZU. ER MUSS DIE VORGÄNGE NACHVOLLZIEHEN KÖNNEN UND DIE ZUSAMMENHÄNGE VERSTEHEN.

Zwillinge sitzen oft – bildlich gesprochen – auf sieben Stühlen gleichzeitig. Es könnte beispielsweise passieren, dass einer sich in liebenswürdigster und engagiertester Art und Weise mit Ihnen unterhält, plötzlich aber die Lösung eines völlig anderen Problems notiert. Seine geistige Kapazität ist mit einer Sache einfach nicht ausgelastet.

Kommunikation: Einen exotischen Schmetterling bestaunt ein Zwilling längst nicht so ausgiebig wie einen ernsthaften, tiefgründigen Gesprächspartner. Dennoch sind für einen Zwilling Ausbildung und Information sehr wichtig. Empfindet er seine Ausbildung als ausreichend, ist er meist ein kultivierter, charmanter, oft auch brillanter

Gesprächspartner, der mit immer neuen Einfällen und Ideen aufwartet.

Die Kehrseite der Medaille kann ein Vielredner sein, der überhaupt nicht merkt, dass ihm keiner mehr zuhören will, oder ein Mensch, der sich nicht überlegt, was er sagt, und andere damit sehr verletzt.

Oder er stottert, nuschelt, formuliert nicht sorgfältig, weil er ohnehin nicht damit rechnet, dass ihm jemand wirklich zuhört bzw. dass er etwas zu sagen hat.

Auch Menschen, die hölzern in der Gegend herumstehen, sollten ihre Kommunikationsfähigkeit überdenken.

Da Zwillinge sich selten entspannen und immer »mitdenken«, befähigt ihr »Hochleistungszentrum Hirn« sie dazu, selbst in noch so schwierigen Situationen den Überblick zu behalten und nahezu immer eine gute Lösung zu finden.

EIN ZWILLINGSMENSCH IST NICHT GERN »ANGEBUNDEN«, SONDERN BRAUCHT WECHSELNDE ERFAHRUNGEN. EINE PARTNERSCHAFT HAT DIE GRÖSSTEN AUSSICHTEN, WENN DEM ZWILLING GENÜGEND »LUFT« BLEIBT.

Partnerschaft: Ein Zwilling ist schon aufgrund seiner Interessensvielfalt nicht unbedingt ein Stubenhocker, auch ist er nicht gern »angebunden«, sondern braucht wechselnde Erfahrungen. Eine Partnerschaft hat die größten Aussichten, wenn dem Zwilling genügend »Luft« bleibt.

Für einen Menschen mit Zwilling/Merkur-Themen ist viel frische Luft sehr wichtig, nicht nur im übertragenen Sinn – viel wandern, richtig ein- und ausatmen. Und auch zur Ruhe sollte er finden; langsam essen, seine Gliedmaßen manchmal bewusst ruhig halten. Wichtig ist auch, Disziplin aufbringen zu wollen(!) und seiner Neigung zur Oberflächlichkeit nicht nachzugeben. Dann kann ein Zwilling sein hohes schöpferisches Potenzial nutzen.

Gesundheitlich werden Zwilling/Merkur zugeordnet:

Erkältungskrankheiten: Husten, Bronchial- und Luftröhrenkatarrh, Lungenentzündung, Asthma; Sprachstörungen; Verspannung der Schultern, Bewegungseinschränkungen an Armen und Händen; Nervenausfälle im Bereich des Bewegungsapparates.

Der Mond im *Zwilling*

● Neumond im Zwilling
☾ Abnehmender Mond von Juni bis Dezember
☽ Zunehmender Mond von Dezember bis Juni
◡ Der Zwilling ist das Bindeglied zwischen auf- und
◠ absteigendem Mond
♊ Zwillingstage sind Blüten-, Luft- und Lichttage
♐ Schütze ist das gegenüberliegende Zeichen

Gesundheit und Schönheit

Die Zwillingstage eignen sich hervorragend, um Luft zu tanken, aber man sollte ein bisschen auf die Bronchien achten; speziell, wenn man ohnehin damit zu tun hat. Es sind Tage, an denen man sich leicht verkühlt und am nächsten Tag mit Husten und Heiserkeit zu kämpfen hat.

Bei Bronchial- und Luftröhrenkatarrh tut an Zwillingstagen ein ansteigendes Fußbad gut, das man mit etwas Senfmehl anreichert. Sehr gut schlägt Schultergymnastik am Zwillingstag an, das entgiftet die Muskeln. Die Tage des abnehmenden Mondes von Juni bis Dezember sind der absolute Renner, was Entschlackungskuren angeht. Und die Zwillingstage eignen sich dann wunderbar dazu, rheumatische Zipperlein im Schulterbereich mit entsprechenden Salben zu behandeln, Heilgymnastik zu betreiben und vielleicht auch eine Atemtherapie zu machen.

An Zwillingstagen sollte man auf die Bronchien achten. Es sind Tage, an denen man sich leicht verkühlt.

Der Mond im Haushalt

LUFTTAGE:
ZWILLING,
WAAGE,
WASSERMANN.

WÄRMETAGE:
WIDDER,
LÖWE,
SCHÜTZE.

WASSERTAGE:
KREBS,
SKORPION,
FISCHE.

ERDTAGE:
STIER,
JUNGFRAU,
STEINBOCK.

Am 21. Juni ist Sommeranfang – die letzte Chance für den Frühjahrsputz ist jetzt gekommen! Ab Juni, wenn der abnehmende Mond im Zwilling steht, eignet sich die Zeit ausgesprochen gut zum Großreinemachen. An den Zwillingstagen erledigen Sie alle »trockenen« Putzarbeiten, an den Tagen darauf, wenn der Mond im Krebs steht, kommen dann besser die »nassen« Reinigungsarbeiten an die Reihe. Die Zwillings-Putztage schließen auch ein, dass man ausgiebig lüften kann. Dazu ist vielleicht eine Faustregel ganz hilfreich: An Luft- und Wärmetagen lange lüften, Kleider, Betten und Matratzen an die Luft hängen. An Wasser- und Erdtagen nur kurz lüften. Und speziell an Wassertagen nichts hinaushängen, weil die Luftfeuchtigkeit in den Sachen hängenbleibt.

Balkon und Garten

Weil im Juni nichts ausgesät und gepflanzt wird, nennen die Bauern diesen Monat auch den Brachmond. Klingt so schön nach Faulenzen, stimmt aber nicht, denn Mitte Juni beginnt bereits die Heuernte.

BLÜTENTAGE:
ZWILLING,
WAAGE,
WASSERMANN.

FRUCHTTAGE:
WIDDER,
LÖWE,
SCHÜTZE.

Auf dem Balkon und im Garten wächst und blüht es jetzt mit Macht. Im Hinblick auf junge und empfindliche Pflänzchen sollten Sie die »Schafskälte« Mitte Juni im Auge behalten. Wenn eine Ungezieferbekämpfung notwendig wird, wird diese am besten bei abnehmendem Mond durchgeführt. Wenn dort, wo normalerweise die Geranien in Hülle und Fülle von den Balkonen hängen, bei Ihnen nur ein paar spärliche Blütlein sprießen, dann sollten Sie an Zwillingstagen Blumen, die nicht richtig blühen wollen, düngen, das hilft bestimmt. Balkonpflanzen sollte man einerseits vor dem Austrocknen bewahren, andererseits aber auf keinen Fall zu viel gießen. Besonders Geranien leiden unter der so genannten Staunässe.

Säen und pflanzen im Juni

Allmählich können Sie auch schon Blumen für die spätere Jahreszeit säen und setzen, denn Zwillingstage sind Blütentage. Der frühe Blumengarten ist jetzt schon kräftig am Blühen. Denken Sie daran, alles Welkende bzw. Verblühte regelmäßig abzuschneiden. Auf diese Art regt man die Blume oder Staude immer wieder zum Blühen an, unter Umständen bis zum ersten Frost; denn ihr Ziel ist ja die Samenbildung zur Erhaltung der Art, und durch das rechtzeitige Abschneiden wird das verhindert. Oder Sie schneiden schon vor dem Verwelken – und holen sich ab und zu einen schönen Blumenstrauß aus Ihrem Garten!

BLATTTAGE:
KREBS,
SKORPION,
FISCHE.

WURZELTAGE:
STIER,
JUNGFRAU,
STEINBOCK.

JETZT IST DER RICHTIGE ZEITPUNKT, UM BLUMEN ZU SCHNEIDEN – AUCH SCHON VOR DEM VERWELKEN. SO WERDEN SIE ZU ERNEUTEM BLÜHEN ANGEREGT.

Hausmittel im Garten

DUFTÖLE HELFEN GEGEN AMEISEN. GEBEN SIE EIN PAAR TROPFEN IN DAS NEST, UND DIE TIERE WERDEN VERTRIEBEN.

Wenn man von einer Kohlrabipflanze bei der Ernte die Knolle so abschneidet, dass der Strunk und einige der unteren Blätter stehen bleiben, bilden sich neue Knollen – kleine, feine, zarte.

Auch Kopfsalat wächst ganz rasch nach, wenn man beim Ernten die unterste Blattrosette an den Wurzeln im Boden stehenlässt.

Gurken sind sehr empfindlich: Sie dürfen bei warmem und heißem Wetter nicht zu kalt gegossen werden und nicht bei Sonnenschein geerntet werden – sonst werden sie bitter.

Wenn Sellerie nicht so recht wachsen will, gibt man hin und wieder einen Guss Salzwasser – 1 Esslöffel Salz auf 10 Liter Wasser.

Blattläuse lieben Kapuzinerkresse. Pflanzt man diese auf die Baumscheibe von Obstbäumen, so gehen die Blattläuse nicht an die Blätter der Bäume.

Rosen steigern ihren Duft, wenn man dicht neben den Stock eine Speisezwiebel pflanzt.

AUCH WENN GEMÜSE ÄUSSERLICH ROBUST WIRKT, BEDARF ES DOCH EINIGER SORGFALT BEI SEINER AUFZUCHT. SPANISCHES STILLLEBEN MIT QUITTE, KOHL UND MELONE (AUSSCHNITT).

Erbsen sollte man morgens oder abends ernten, nicht aber während der heißen Mittagssonne. Es kommt sonst in den heißen Schoten zu Gärungsvorgängen.

Gemüse und auch Obst sollten generell vormittags bis zehn Uhr geerntet werden, dann haben sie besonders viel Aroma.

Juli

ALTE NAMEN FÜR DEN JUNI SIND: JULIUS, HEUMOND, ERNTEMONAT.

So golden die Sonne im Juli strahlt,
so golden sich der Weizen mahlt

Ist's im Juli hell und warm,
friert's um Weihnacht reich und arm

Wie es die sieben Brüder (10.) treiben,
soll es sieben Wochen bleiben

Vinzenz Sonnenschein (19.),
füllt die Fässer mit Wein

Wenn im Juli die Ameisen viel tragen,
wollen sie einen harten Winter ansagen

Wenn die Schwalben Ende Juli schon ziehen,
sie vor baldiger Kälte fliehen

Das Wetter

NACH DEM 100-JÄHRIGEN KALENDER

♄ Saturnjahr: Anfangs schön und warm, von Mitte bis Ende des Monats feucht mit Sturm und Regen.

♃ Jupiterjahr: Warm, mit vielen Gewittern.

♂ Marsjahr: In der ersten Hälfte: Hitze – nachts kühlt es sich kaum ab, Hagelgefahr, schwere Gewitter. In der zweiten Hälfte wird es wieder kühler und trüber, gegen Ende des Monats Regenwetter.

☉ Sonnenjahr: Kühl und veränderlich, zu Beginn noch etwas Reif, dann heiße Tage, kühle Nächte.

♀ Venusjahr: Es kann sehr durchwachsen werden: Regen- und Schönwetter wechseln sich ab. Im Großen und Ganzen ein schwüler, warmer Sommer, wenn es im Frühjahr nicht zu viel geregnet hat. Sonst nämlich wäre der Sommer heiß und trocken, ja sogar ein dürrer Sommer ist möglich.

☿ Merkurjahr: Warm, aber doch ziemlich viel Regen.

☽ Mondjahr: War der vorletzte Sommer trocken, wird's heuer sehr feucht; es regnet bis Ende August. War der vorletzte Sommer aber feucht, wird dieser schönes Wetter bringen.

DIE ERNTE IST JETZT BALD IN VOLLEM GANGE – DAS JAHR HAT SEINE MITTE ERREICHT.

Sonnenzeichen

Krebs

22. Juni bis 22. Juli
Element: Wasser
Herrscher: Mond ☽
Gegenüberliegendes Zeichen: Steinbock ♑
(mit Saturn ♄ als dessen Herrscher)
In der Mythologie gibt es mehrere Mondgöttinnen:
Demeter, Hekate, Selene (röm. Luna),
Artemis (röm. Diana)

Das Urprinzip des Mondhaften umfasst das Empfangen und Entlassen aus dem Leib, das Leben vom Werden bis zum Vergehen.

Selene, die Mondgöttin der Griechen, verkörpert innige Hingabe, Natürlichkeit, Instinkt und Fruchtbarkeit. Immer an Neumond ist sie dem Sonnengott besonders nahe. Aus dem Verhältnis zum Sonnengott resultiert auch eine gewisse Unselbstständigkeit, denn sie leuchtet ja nicht selbst, sondern wird vom Sonnengott angestrahlt. Das Urprinzip des Mondhaften umfasst das Empfangen und Entlassen aus dem Leib, das Leben vom Werden bis zum Vergehen. Artemis, die Göttin der Jagd, wird ebenfalls als Mondsymbol gesehen. Sie verkörpert die Naturnähe und durch ihr unstetes Jagdleben das Wechselhafte und Rastlose, scheinbar Ziellose, das dem Mond zugeordnet wird.

Und dann gibt es noch die schreckliche Hekate, die Göttin der Nacht, der Unterwelt, des Unbewussten. Ursprünglich eine Fruchtbarkeitsgöttin, wurde sie zur Göttin der Zauberkunst, oberste Hexenpriesterin und Hüterin der Todesschwelle. Sie repräsentiert die Mutter, die ihre Kinder gebiert und wieder verschlingt. Sie ist die dunkelerotische Frau, die Männer in ihren Bann zieht und dann kastriert; ihr Symbol ist der Neumond: der Mond, den man nicht sehen kann.

Eine interessante Theorie, die in einem völlig anderen Zusammenhang aufgestellt wurde, weist darauf hin, dass dreiköpfige Kult-Darstellungen der Hekate für ihre drei Erscheinungen stehen: Selene am Himmel, Artemis auf der Erde und Hekate in der Unterwelt.

Astrologische Entsprechung

Der Mond entspricht dem weiblichen Teil im Menschen, es sind dies im Grunde die oben erwähnten Prinzipien: Fühlen, Empfinden, Geben, Empfangen, Reflektieren.

Ein Mensch mit Sonne im Krebs oder mit einer starken Krebsbetonung im Horoskop wird sein Leben immer mehr mit dem Gefühl als mit dem Verstand steuern, und das ist besonders für Männer gar nicht so leicht zu begreifen. Aufgrund der immer noch vorherrschenden Meinung, dass Gefühle »Weibersache« sind und Jungen »stark« zu sein haben, verleugnen und verdrängen Männer sehr oft die weibliche Komponente in sich und geben diese an eine Frau ab – an die Mutter, die Geliebte, die Ehefrau ...

SELBST WENN SELENE, ARTEMIS UND HEKATE NICHT EIN- UND DIESELBE GOTTHEIT SIND, SO ZEIGT ES DOCH, WIE ENG DIE SO UNTERSCHIEDLICH SCHEINENDEN MONDQUALITÄTEN MITEINANDER VERBUNDEN SIND.

Partnerschaft: Das kann sich dann beispielsweise so äußern, dass ein Mann auch als Erwachsener nicht ohne eine bemutternde Frau auskommt (der er auch zu entkommen versucht!), dass er ein Leben in Unselbstständigkeit und Abhängigkeit verbringt, sich immer ungeborgen, ja sogar heimatlos fühlt, ein extrem launenhafter Mensch ist, der seiner Umgebung das Leben schwer macht. Oder es kehrt sich alles ins Gegenteil, und er versucht seinerseits, die Partnerin möglichst klein und abhängig zu halten; die Spielarten sind vielfältiger, als man hier beschreiben kann.

Alle Krebse – männliche und weibliche – haben es nicht ganz leicht mit ihrem etwas komplizierten Innenleben. Im Grunde sind sie liebenswürdig, aufgeschlossen, empfindsam, diplomatisch und hilfsbereit, wenn ihnen nicht gerade ihre Stimmung einen Strich durch die Rechnung macht. Und manchmal setzen sie diese Eigenschaften auch gezielt ein, wenn es gilt, etwas zu erreichen. Aber will man das einem Krebs zum Vorwurf machen? Er würde ihn tief gekränkt weit von sich weisen. Und fühlt sich ein Krebs erst einmal missverstanden (bzw. durchschaut), so zieht er sich entweder melancholisch zurück und sinniert über die ungerechte Welt, oder er reagiert kindisch und störrisch, so dass jede Einigung unmöglich ist, wenn der andere nicht einlenkt.

EINE GEWISSE ICHBEZOGENHEIT DES KREBSES KANN DIE TENDENZ ZUR VEREINZELUNG FÖRDERN, UND AUS DEM EINSAMEN RÜCKZUG KANN EIN LAUNENHAFTER, INTOLERANTER, ÄNGSTLICHER MENSCH HERVORGEHEN, DER SICH SELBST BEMITLEIDET.

Starke Gefühle: Krebse brauchen die Familie und das Gefühl der Geborgenheit und Sicherheit wie das tägliche Brot. Vermissen sie es, kann es vorkommen, dass sie sich in ihre Einsamkeit zurückziehen. Sind sie aber gefühlsmäßig genügend mit anderen Menschen verbunden, entfalten Krebse ihre Fähigkeit, seelische Verbundenheit zu pflegen, ohne die Gefühle anderer auszubeuten,und offen auf andere zuzugehen. Sie sind imstande, die Seele in allem zu finden und auf diese Weise die weibliche Sicht der Dinge in die Welt zu tragen.

Wichtig: Wenn Sie mit Krebs/Mond-Themen zu tun haben, ist es für Sie wichtig, Ärger nicht hinunterzuschlucken, sondern offen über Probleme zu reden. Bei nervöser Überempfindlichkeit sollten Sie für Ruhe des Gemütes sorgen, damit sich diese Empfindlichkeit nicht auf das Nervensystem überträgt.

Gesundheitlich werden Krebs/Mond zugeordnet:

Depressionen, Schlaflosigkeit; Ödeme, Probleme mit dem Wasserhaushalt; Magenschleimhautprobleme, von empfindlichem Magen über Gastritis bis Geschwür; Rippenfellentzündung; Sodbrennen, Schluckauf, Erbrechen; Störungen der Muttermilchproduktion, Gebärmuttererkrankungen, Eierstockentzündungen, Myome, Menstruationsbeschwerden, Ausfluss; Frigidität.

Der Mond im *Krebs*

- ● Neumond im Krebs
- ☾ Abnehmender Mond von Juli bis Januar
- ☽ Zunehmender Mond von Januar bis Juli
- ◠ Qualität absteigend
- ♋ Krebstage sind Blatt- und Wassertage
- ♑ Steinbock ist das gegenüberliegende Zeichen

Gesundheit und Schönheit

Die Krebstage sollten Sie – soweit es Ihnen möglich ist – als Ruhetage fürs Gemüt einplanen. Eine optimistische Sichtweise der Dinge – soweit nicht schon vorhanden – sollten Sie so lange trainieren, bis Sie sich selbst davon überzeugt haben. Geben Sie Depressionen, Schlaflosigkeit und Appetitlosigkeit erst gar keinen Nährboden.

An Krebstagen bzw. am Abend vorher sollten Sie keine kulinarischen oder alkoholischen »Sünden« begehen. Ihr Magen könnte etwas delikat reagieren. Wenn Sie Ihren Magen spüren, trinken Sie regelmäßig an den Krebstagen einige Tassen Tee gegen Gastritis. An den Krebstagen kann man Menstruationsbeschwerden mit Tees und Sitzbädern (beispielsweise mit Schafgarbe) gut vorbeugen. Ausfluss kann an den Krebstagen besonders erfolgreich behandelt werden. Bei einer länger dauernden Behandlung ist der abneh-

KREBSTAGE SOLLTEN RUHETAGE FÜRS GEMÜT SEIN. DANN HABEN DEPRESSIONEN, SCHLAFLOSIGKEIT UND APPETITLOSIGKEIT KEINEN NÄHRBODEN.

mende Mond zu wählen. Zum Abstillen (die weibliche Brust ist dem Krebs zugeordnet) eignet sich angeblich der zunehmende Mond. Ab Neumond sollten Sie das Baby und Ihren Organismus allmählich entwöhnen, an Vollmond stillen Sie das letzte Mal.

Von Juli bis Dezember ist in jedem Monat der Neumondtag als Fasten- und Entschlackungstag besonders effektiv.

Wenn in der anderen Jahreshälfte (Januar bis Juli) der zunehmende Mond dann im Krebs steht, sind Umschläge für die müden Augen sehr wirkungsvoll. Das Auge als Wahrnehmungsorgan ist zwar der Jungfrau unterstellt, das Auge als »Weichteil« wird aber auch dem Krebs zugeschrieben. Bei Augenschmerzen verursacht durch Kopfweh oder Entzündungen lesen Sie bitte beim Widder nach.

Der Mond im Haushalt

KREBSTAGE EIGNEN SICH BESONDERS GUT, UM GRÖSSERE PUTZ-, AUFRÄUM- ODER WASCHAKTIONEN VORZUNEHMEN. DARÜBER HINAUS STRENGT DAS KÖRPERLICHE ARBEITEN WÄHREND DES ABNEHMENDEN MONDES WENIGER AN.

Dazu darf ich Ihnen den Monat Juni und die Zwillingstage in Erinnerung rufen. Die Kombination Zwillings- und Krebstage sowie abnehmender Mond eignen sich besonders gut, um größere Putz-, Räum- und Waschaktionen vorzunehmen. Darüber hinaus strengt das körperliche Arbeiten während des abnehmenden Mondes weniger an. Immer wieder hört man den Satz: »Ich würde ja die Öko-Mittel verwenden, aber sie sind nicht so effektiv wie andere«. Wie schön, dass diese nicht so aggressiv sind! Wenn man darauf achtet, bei abnehmendem Mond – alternativ bei einem Zeichen mit absteigender Qualität – zu putzen, dann braucht man selbst von den schonendsten Mitteln nur geringe Mengen, um wirklich zufriedenstellende Ergebnisse zu erzielen.

Es gibt aber eine Ausnahme an den »nassen« Tagen: Holz- und Parkettböden sollte man an Wassertagen (Krebs, Skorpion, Fische) besser nicht mit Wasser reinigen! Der Boden soll ja nur an der Oberfläche sauber werden und das Wasser nicht in die Ritzen eindringen.

Balkon und Garten

Um den Jakobstag (26. Juli) herum gibt's die ersten Äpfel aus dem Garten – deshalb werden sie auch »Jakobsäpfel« genannt. Die ersten jetzt geernteten Erdäpfel heißen daher Jakobikartoffeln.

Erdbeeren, Kirschen, Himbeeren, Johannisbeeren & Co. warten nun aufs Einwecken. Marmelade soll bei einem Zeichen mit aufsteigender Qualität eingekocht werden (Schütze bis Zwilling), allerdings nicht an Fischetagen. Sie können viel weniger Gelierzucker als üblich nehmen, und man schmeckt richtig die Frucht. Krebstage sind Blatttage und deswegen gut geeignet für das Säen und Stecken von Blattgemüse.

KREBSTAGE SIND BLATTTAGE UND DESWEGEN GUT GEEIGNET FÜR DAS SÄEN UND STECKEN VON BLATTGEMÜSE.

Säen und pflanzen im Juli

Jetzt ist Pflanzzeit für die nächsten Frühlingsstauden: Pfingstrosen, Steppenkerzen, Kaiserkronen, Herbstkrokusse und Alpenveilchen. Auf die ersten abgeernteten Gemüsebeete kommt eine neue Saat: Frühsorten von Möhren, Buschbohnen, Salat, Chinakohl, Radieschen, Fenchel und Überwinterungszwiebeln.

Pflanzen: Salat (Kopf-, Eis-, Endivien-) und Frühsorten Kohl. Auf dem Balkon muss viel gegossen und, wenn viel Blühendes da ist, auch zwischendurch gedüngt werden, zumal am 23. Juli die heißen Hundstage beginnen. Die Hundstage werden deshalb so genannt, weil der Sirius, den man auch Hundsstern nennt, von nun an bis zum 22. August gleichzeitig mit der Sonne aufgeht.

AM 23. JULI BEGINNEN DIE HEISSEN HUNDSTAGE.

Jetzt im Juli ist an der Gartenhecke der »Sommerschnitt« fällig. Das sind eigentlich nur kleinere Nachbesserungsarbeiten, wenn Sie eine saubere, akkurate Hecke haben wollen. Den Hauptschnitt nimmt man in der Vegetationsruhepause vor – also zwischen Oktober und März. Bis zum Juli sieht die Hecke aber meist schon wieder etwas »zerrupft« aus. Bitte geben Sie beim Schnitt auf eventuelle Vogelbruten acht!

Hausmittel rund um die Zähne

DAMIT ES NICHT SOWEIT KOMMT WIE AUF DIESEM BILD (UND SIE SICH VOR DEM ZAHNARZT FÜRCHTEN MÜSSEN), SOLLTEN SIE AUF NATÜRLICHEM WEG REGELMÄSSIG VORBEUGEN.

Gegen Zahnschmerzen hilft es,
Spitzwegerichblätter zu kauen.

Warmer Salbeitee festigt das Zahnfleisch
und sorgt für schöne, weiße Zähne.

Wenn man mit Zinnkraut (Schachtelhalm)
gurgelt, hilft das gegen schlechten Atem.

Weiße Zähne und ein festeres Zahnfleisch
bekommt man, wenn man die Zähne einmal
pro Woche mit Kochsalz statt mit
Zahnpasta putzt.

Heidelbeertee ist geeignet zum Gurgeln und
Spülen bei Zahnfleischentzündungen.

Gegen Zahnfleischbluten
hilft eine Spülung mit Kamille.

Hausmittel für Haut und Haare

FÜR EINEN ERFREULICHEN ANBLICK IM SPIEGEL LÄSST SICH EINIGES TUN.

Aus blondem wird goldblondes Haar, wenn man es mit Kamille wäscht und etwas Borax zugibt.

Natürlich gebleichtes Haar:
eine Spülung mit Zitronensaft, die hinterher nicht ausgewaschen wird.

Wimpern wachsen wieder schön und dicht, wenn sie allabendlich mit Rizinusöl eingerieben werden.

Glänzendes Haar bekommt man, indem man es nach dem Waschen einen Becher Milch einmassiert, 1/4 Stunde einwirken lässt und wieder ausspült.

Birkenwasser gegen dünnes Haar können Sie selbst herstellen: Im Frühjahr einen Birkenast auskochen und das so erhaltene Wasser in die Kopfhaut einmassieren.

August

ALTE NAMEN FÜR DEN AUGUST SIND: AUGUSTUS, ÄHRENMONAT, ERNTING.

An Petri Kettenfeier (1.)
gehen die Störche fort

Hitze an Sankt Dominikus (8.),
ein strenger Winter kommen muss

Sollen Trauben und Obst sich mehren,
dürften mit Laurenz (10.) die Wetter aufhören

Der Tau ist dem August so Not
wie jedermann sein täglich Brot

Wenn Sankt Rochus (16.) trübe schaut,
kommt die Raupe in das Kraut

Bartholomäus (24.) hat's Wetter parat
für den Herbst bis zur Saat

Das Wetter

NACH DEM 100-JÄHRIGEN KALENDER

♄ **Saturnjahr:** Tendenz zu Dauerregen!

♃ **Jupiterjahr:** Heiß mit Gewitterneigung. Es kann ein dürrer Sommer werden, wenn zwischen Februar und Mai eine Sonnenfinsternis stattgefunden hat.

♂ **Marsjahr:** Heiß und trocken mit starker Gewitter- und Unwetterneigung. Auch die Nächte bringen nicht viel Abkühlung.

☉ **Sonnenjahr:** Wechselhaft im ersten Drittel, den Großteil des restlichen Monats schön und warm.

♀ **Venusjahr:** Immer noch schwül und warm. Im Venusjahr gibt es aber eine Ausnahme: Dieses Wetter stimmt nur, wenn es im Frühjahr nicht zu viel geregnet hat. Dann wäre der Sommer heiß und trocken, unter Umständen sogar ein dürrer Sommer.

☿ **Merkurjahr:** Bis zur Monatsmitte warm, aber regnerisch, danach heiß und am Ende des Monats Gewitter und Regen.

☽ **Mondjahr:** War der vorletzte Sommer trocken, wird der diesjährige heuer sehr feucht; es regnet bis Ende August. War der vorletzte Sommer aber feucht, wird der August diesmal ganz besonders schön.

DER AUGUST IST DER HEISSESTE MONAT, BRINGT ABER AUCH DIE MEISTEN NIEDERSCHLÄGE.

Sonnenzeichen

Löwe

23. Juli bis 23. August
Element: Feuer
Herrscher: Sonne ☉
Gegenüberliegendes Zeichen: Wassermann ♒
(mit Uranus ♅ als Herrscher)
Mythologie: griech. Helios, röm. Sol

Helios ist der über alles erhabene Sonnengott, das Prinzip der Autorität, der höchsten Macht. Er setzt diese Autorität aber nicht ein und wertet sie nicht.

Wenn der Sonnengott morgens von seiner Schwester Eos (der Morgenröte) geweckt wird, spannt er seine vier Pferde (für die vier Himmelsrichtungen) an und lenkt den Sonnenwagen über den Himmel. Im hellen Licht der Sonne sieht er alles, was auf der Welt passiert. Aber unbeeindruckt von den Vorgängen auf der Erde lenkt er seinen Wagen dem Westen zu. Nachts fährt er auf dem Okeanos, dem Strom, der um die ganze Welt fließt, auf einer Fähre wieder zurück. Als seine Ehefrau wird Perse genannt, die aber keine wesentliche Rolle spielt. Einer Legende nach lebt er mit der Nymphe Rhode auf der Insel Rhodos und hat mit ihr sieben Söhne: die sieben Wochentage. Er wäre kein Gott, hätte er nicht auch ein paar Geliebte gehabt, aber auch hier gibt es keine wirklichen Skandale oder aufregenden Geschichten zu berichten.

Helios ist der über alles erhabene Sonnengott, das Prinzip der Autorität und der höchsten Macht. Er setzt diese Autorität aber nicht ein und wertet sie nicht. Er unterscheidet nicht zwischen Gut und Böse, greift kaum in Vorgänge auf der Erde ein und spendet jedem sein unersetzliches Licht.

Astrologische Entsprechung

So wie Männer den weiblichen Anteil in sich akzeptieren und ihren Mond leben sollten – sozusagen das mütterlich-nährende Prinzip –, so sollten Frauen ihre Sonne leben. Frauen haben lange Zeit hindurch dem Mann die Sonneneigenschaften überlassen, sie waren sich oft nicht einmal bewusst, dass auch sie diese Fähigkeiten haben und nutzen können. Seine Sonne leben heißt: die kreativen Fähigkeiten sowie die Bereitschaft, sich selbst zu managen und zu organisieren, zu entwickeln, sich letztlich selbst zu verwirklichen. Zu den kreativen Fähigkeiten gehören unsere Kinder – geistige und leibliche –, gehören das Spiel und die vitale Sexualität. Die Sonne will handeln, will die Tat. Wenn Sie zum Beispiel einem mit ziemlich viel Goldschmuck behängten Menschen begegnen, so trägt dieser gerade seine Sonne spazieren, statt sie auszuleben.

Selbstverwirklichung: Wenn sich die Sonne in ihrem eigenen Zeichen Löwe befindet, sind all diese Themen vermehrt angesprochen. Der Löwe drängt auf Entfaltung seiner Macht, will im Mittelpunkt stehen – und schafft das auch meist. Sein Selbstbewusstsein hängt sehr damit zusammen, wie sehr er seine Macht entfalten kann. Ein Löwe, der es aus irgendwelchen Gründen nicht schafft, sich zu verwirklichen, seine Selbständigkeit und (natürliche) Autorität zu erlangen, ist eine sehr traurige Angelegenheit. Er nimmt möglicherweise einen trägen »Wurstigkeitsstandpunkt« ein und verabscheut die Umstände, mit denen er zurechtkommen muss. Oder er wird zum Prahlhans und gibt sich selbstherrlich, ist nur darauf bedacht, sein Image aufzupolieren.

DER LÖWE DRÄNGT AUF ENTFALTUNG SEINER MACHT, WILL IM MITTELPUNKT STEHEN – UND SCHAFFT DAS AUCH MEIST.

Charakter: Die meisten Löwen sind großmütige Menschen, lieben das Leben, das andere Geschlecht und ihre eigene Unabhängigkeit, wollen Neues schaffen, sind ungeduldig, aber nicht besonders misstrauisch – allerdings auch sich selbst gegenüber nicht. Ein Löwe kommt selten auf die Idee, seine Taten oder Wesenszüge zu hinterfragen. Tut dies beispielsweise sein Partner, so ist nicht gesichert, ob er begreifen will, wovon der andere spricht. Auf die Frage, wie man Kritik bei einem Löwen am besten anbringt, lautet die Antwort: Sehr, sehr vorsichtig!

EIN LÖWEMENSCH KANN SICH EINFACH NICHT UM SCHNÖDE ALLTAGSDINGE KÜMMERN, DESHALB GESTATTET ER IMMER JEMANDEM GROSSMÜTIG, IHM ZU DIENSTEN ZU SEIN.

Kritik und Selbstkritik: Leider hat die Großmütigkeit bei manchen Löwen oder löwebetonten Menschen manchmal dort ganz rasch ein Ende, wo sie ihre Würde angetastet sehen. Wenn ein Löwetyp in einem solchen Moment das spielerische Element, das ihm eigentlich liegt, einsetzt, hat er einen wesentlichen Schritt für seine Entwicklung getan.

Im Allgemeinen erstreckt sich die Großmütigkeit eines Löwen nicht nur auf andere Menschen, er ist auch sich selbst gegenüber großmütig und nicht selten sogar großzügig. Ein Löwemensch kann sich einfach nicht so recht um schnöde Alltagsdinge kümmern; deshalb gestattet er immer jemandem großmütig, ihm zu Diensten zu sein.

Ein guter Rat: Menschen, die mit der Löwe/Sonnen-Thematik zu tun haben, ist zu raten, sich nicht immer in den Mittelpunkt zu stellen. Vielmehr ist wichtig, dass Sie sich Ihre ganz besonderen individuellen Qualitäten erarbeiten; dann werden Sie von anderen in den Mittelpunkt gestellt und können so eine echte Autorität erlangen.

Es gibt auch keinen Grund, ständig Angst vor dem Älterwerden zu haben!

Gesundheitlich werden dem Löwen/der Sonne zugeordnet:

Vor allem Herz- und Kreislaufbeschwerden und Durchblutungsstörungen; zu hoher bzw. zu niedriger Blutdruck, Schwächeanfälle, Vitalitätsverlust.

Der Mond im *Löwen*

- ● Neumond im Löwen
- ☾ Abnehmender Mond von August bis Februar
- ☽ Zunehmender Mond von Februar bis August
- Qualität absteigend
- ♌ Löwetage sind Frucht- und Wärmetage
- ♒ Wassermann ist das gegenüberliegende Zeichen

Gesundheit und Schönheit

Wenn eine Herzoperation ansteht und Sie die Möglichkeit einer Wahl haben, dann eignet sich die Zeit ab August dazu. Wie alle Operationen sollte auch diese bei abnehmendem Mond durchgeführt werden und nicht an einem Tag, an dem der Mond im Zeichen für die betreffende Körperregion steht – in diesem Fall nicht an den Löwetagen.

Ein Mittel gegen zu hohen Blutdruck wäre jetzt wirkungsvoll. Wenn Sie eine effektive Entschlackungskur machen möchten: Ab August rechnen Sie jeweils von Neumond so viele Tage zurück, wie sie »kuren« wollen – mit dem Aufbau beginnen Sie nach Neumond. Am günstigsten sind die Tage zwischen Zwilling und Jungfrau.

Herz- und kreislaufbelastenden Beschäftigungen sollten Sie nicht gerade an den Löwetagen nachgehen, wenn Sie ohnehin Pro-

Der August eignet sich gut für eine Entschlackungskur. Mit dem Aufbau beginnen Sie nach Neumond. Am günstigsten sind die Tage zwischen Zwilling und Jungfrau.

bleme mit Herz oder Kreislauf haben. Sie könnten ziemlich ins Schnaufen kommen. Ihr Rennrad oder die Bergtour sollten in diesem Fall warten; ebenso könnte es passieren, dass Sie in der Sauna plötzlich »schwächeln«. Vernünftige sportliche Betätigung und Bewegung an den Löwetagen hilft allerdings niedrigem Blutdruck wieder auf die Sprünge. Durchblutungsfördernde Maßnahmen sind ab Februar, bei zunehmendem Löwemond, sehr günstig.

WENN DER ZUNEHMENDE MOND IM LÖWEN STEHT, IST DAS EINE BESONDERS GÜNSTIGE ZEIT FÜR DIE HAARPFLEGE.

Wenn der zunehmende Mond im Löwen steht – von Februar bis August – ist das eine optimale Zeit für die Haarpflege. Ich probierte ein von Johanna Paungger empfohlenes Rezept aus (siehe Quellennachweis), nach dem man von Februar bis August jeweils an den Löwetagen seine Haare schneiden lassen soll, sie würden dann gesünder und fester. – Es funktioniert! Offenbar ist der Widder (dem die Haare zugeordnet sind) für die »Anlage« der Haare zuständig, der Löwe sorgt für die Vitalität.

Rund ums Haar

- Schneiden an den Löwetagen. Speziell zunehmender Mond von Februar bis August wirkt wie eine Haarkur.
- Schneiden an Jungfrautagen, wenn der Schnitt lange akkurat sein und die Dauerwelle gut sitzen soll.
- Packungen und Tönungen: an allen Fruchttagen und Blütentagen im zunehmenden Mond oder bei Zeichen mit aufsteigender Qualität.
- Waschen: nicht an Wassertagen.

Der Mond im Haushalt

Entweder sind Sie ohnehin im Urlaub oder mit Ernten und Einkochen beschäftigt, wofür Sie bereits genügend Anregungen erhalten haben – daher bleibt diese Rubrik im August geschlossen.

Balkon und Garten

Generell eignet sich der abnehmende Mond oder ein Zeichen mit absteigender Qualität, wenn Pflanzen zurückgeschnitten werden müssen, weil in beiden Fällen der Saft in der Wurzel ist. Wenn der abnehmende Mond im Löwen steht, sind das gute Tage für den Winterschnitt von Obstbäumen. Bei dieser Gelegenheit noch ein zum Thema passender Tipp, den Sie nicht nur im Garten, sondern ruhig auch bei Ihrer Topfgrünpflanze anwenden können: Will eine Pflanze nicht mehr so recht wachsen: Bei abnehmendem Mond, kurz vor oder am besten bei Neumond die Spitzen schneiden.

DER ABNEHMENDE MOND ODER EIN ZEICHEN MIT ABSTEIGENDER QUALITÄT SIND BESONDERS GÜNSTIG, WENN PFLANZEN ZURÜCKGESCHNITTEN WERDEN MÜSSEN, WEIL IN BEIDEN FÄLLEN DER SAFT IN DER WURZEL IST.

Wenn ein Erntetag sehr trocken ist, sollten Sie vor der Ernte noch einmal wässern, sonst wird dem Obst die Feuchtigkeit entzogen. Obst und Gemüse sollten am Vormittag bis zehn Uhr geerntet sein.

Säen und pflanzen im August

Pflanzen: Herbstzeitlose und Herbstkrokusse, verschiedene Stauden (Schwertlilien, Königslilien, Steppenkerzen, Staudenpfingstrosen), Kopfsalat (ab Mitte August Feldsalat), Rhabarber; Erdbeeren im August und September pflanzen.

Säen: Frühlingszwiebel, Chinakohl, Radieschen, Wintersalat und Wintergemüse.

Balkon: Auf den Balkon kommen Chrysanthemen statt abgeblühter Sommerblumen. Von Geranien und Fuchsien können jetzt Stecklinge geschnitten werden.

Düngen: Denken Sie daran, jetzt alle Stauden und Hölzer zu düngen! Weil sie so dicht gepflanzt sind, brauchen die Hecken dabei die meiste Aufmerksamkeit bzw. den meisten Nährstoff. Entweder harken Sie Volldünger leicht in den Boden oder Sie arbeiten mit Flüssigdünger.

Hausmittel gegen Entzündungen

Gegen Entzündungen der Haut hilft Johanniskrautöl.

Hartnäckige Entzündungen heilt man auch mit Ringelblumensalbe.

Hausmittel für Niere, Galle & Co

VORBEUGEND GEGEN GALLENSTEINE TÄGLICH VOR DEM SCHLAFENGEHEN 1 GLAS WARME MILCH TRINKEN.

Zinnkraut, auch Schachtelhalm genannt, ist ein guter Tee bei Grieß- und Steinleiden.

Weidenrindentee hilft gegen Blasenentzündungen und wirkt entwässernd.

Gegen Nierensteine soll ein Saft helfen, der aus schwarzen Rettichen entsteht, wenn man sie reibt und über Nacht stehen lässt.

Hausmittel für die Augen

Nach alter Volksmedizin ein Mittel zur Stärkung und Erhaltung der Sehkraft: täglich kurz vor dem Schlafengehen die Augenlider, Augenbrauen und Schläfen mit kaltem Wasser befeuchten.

Hausmittel gegen Kopfweh, Schnupfen, Husten & Halsweh

Zwiebelwickel gegen Halsweh:
geschnittene Zwiebel in der Pfanne dämpfen,
in ein Tuch wickeln und einige Stunden
um den Hals legen.

Hustensaft: Zwiebeln auskochen,
den Saft mit braunem Zucker anreichern.

Gegen Kopfweh, sogar gegen Migräne,
hilft ein Mokka, eine halbe Zitrone hinein-
gepresst und etwas Zucker dazu.

Tee aus Thymianblättern und -blüten
ist gut gegen Schnupfen.

Täglich ein halbes Glas roter Rübensaft
schützt vor Erkältungen.

Bei Kopf- oder Ohrenschmerzen soll man
kein Federkissen verwenden.

DER ARME POET VON SPITZWEG IST ZWAR NICHT ERKÄLTET, GEHT ABER IN SEINEM ZIMMER EIN GEWISSES RISIKO EIN.

September

ALTE NAMEN FÜR DEN SEPTEMBER SIND: SEPTEMBRIS, HERBSTMOND, SCHEIDING.

Was Juli und August nicht taten,
lässt der September ungebraten.

An Mariä Geburt (8.)
fliegen die Schwalben furt

Bleiben jetzt die Schwalben lange,
so sei vor dem Winter nicht bange

Wenn im September die Spinnen kriechen,
sie dann einen harten Winter riechen

Viel Eicheln im September –
viel Schnee im Dezember

Nebelt's an Sankt Kleophas (25.),
wird der ganze Winter nass

Das Wetter

NACH DEM 100-JÄHRIGEN KALENDER

♄ **Saturnjahr:** Der Monat wird heiß und gewittrig!

♃ **Jupiterjahr:** Den ganzen September über viel Regen, alles wird durch und durch feucht.

♂ **Marsjahr:** In der ersten Monatshälfte ist noch Sommer, in der zweiten wird es kühler und herbstlich.

☉ **Sonnenjahr:** Sehr wechselhaft. Ungestümes Wetter mit Regen zu Beginn wechselt sich mit schönen Abschnitten etwa alle drei bis fünf Tage ab.

♀ **Venusjahr:** In der ersten Monatshälfte nach ein paar schönen Tagen trüb, windig und regnerisch. In der zweiten Hälfte wird es im Großen und Ganzen wieder schön und warm.

☿ **Merkurjahr:** Trocken und schön bis Monatsmitte, danach wechselhaft, nicht mehr so warm, neblig und regnerisch.

☽ **Mondjahr:** Anfänglich nass und verregnet, bald starker Frost und Reif. Der September schwankt zwischen feuchtem und schönem Wetter.

DIE SONNIGEN TAGE GEGEN ENDE SEPTEMBER WERDEN ALS ALTWEIBERSOMMER BEZEICHNET.

Sonnenzeichen
Jungfrau

24. August bis 23. September
Element: Erde
Herrscher: Merkur ☿
Gegenüberliegendes Zeichen: Fische ♓
(mit Neptun ♆ als Herrscher)
Mythologie: griech. Hermes, röm. Merkur

Über Hermes, den Götterboten, haben Sie unter dem Sonnenzeichen »Zwilling« bereits gelesen. Dort war schon die Rede davon, wie er sich von Anfang an seinen Platz im Olymp der Götter sichert, dass er sich gut ausdrücken kann, schlau und intelligent ist, geistesgegenwärtig, gewitzt und berechnend.

Dieser erfolgreiche Vermittler zwischen Göttern und Menschen hat aber hinter seiner rasch verbindenden, eher oberflächlichen Ebene der Kommunikation und den damit verknüpften Eigenschaften noch eine andere Seite.

UM ERFOLG ZU HABEN, LERNT MERKUR DIE PERFEKTE ANPASSUNG.

Merkur fragt bei den verschiedenen Situationen, die er bereits in seinem jungen Leben selbst herbeiführt, immer nach dem Nutzen, den er daraus ziehen kann, oder umgekehrt, wie eine gegebene Situation ihm nützen könnte. Um aber Situationen einschätzen und werten zu können, muss er genau beobachten, registrieren, analysieren. Das Ergebnis: Um Erfolg zu haben, lernt Merkur die perfekte Anpassung. Dann kann er »handeln« in jeder Bedeutung dieses Wortes – mit den Händen und dem Verstand.

Astrologische Entsprechung

Im Jungfrau-Merkur werden diese beschriebenen Prinzipien nun lebendig. Die jungfrauhafte Seite des Merkur ist eher die genau beobachtende, analysierende Seite; alle Materie wird der Kontrolle des Geistes unterstellt. Die Jungfrau-Seite des Merkur vertritt das Prinzip der Anpassung, der Arbeit und damit – wie sich gleich schlüssig zeigen wird – auch der Gesundheit bzw. Krankheit.

Wenn ein Mensch eine Arbeit verrichtet, die er nicht mag, wird er krank. Das ist eine Tatsache, die mittlerweile fast jedem von uns bekannt ist.

Eigenschaften: Für Menschen, deren Horoskop eine starke Jungfraubetonung aufweist, ist dieses Thema verstärkt wichtig. Denn hier geht es nicht nur um eine Arbeit, die man nicht mag. Jungfraumenschen wissen oft nicht, welche Arbeit für sie richtig wäre, sie neigen eher dazu, im Sinne anderer zu funktionieren, sich zu sehr anzupassen, sich unterzuordnen und zu dienen.

MANCHMAL ANALYSIEREN JUNGFRAUMENSCHEN ZU VIEL, ANSTATT EINFACH ZU GENIESSEN, ODER – DIE KEHRSEITE DER MEDAILLE – SIE SIND ÜBERHAUPT NICHT IN DER LAGE, ETWAS ANALYTISCH ZU SEHEN.

Das liegt daran, dass Jungfraumenschen alles mit dem Verstand lösen wollen. Sie ordnen dem Verstand nämlich Geist und Gefühl unter, und sind schlecht in der Lage, ihre eigenen Gefühle wahrzunehmen, geschweige denn zu zeigen. Das alles trägt dazu bei, dass sich sehr viel »Fremdes« in der Seele eines Jungfraumenschen befindet, und so häuft sich im Inneren seelischer Schmutz an, der krank macht.

Gefühl und Verstand: Ein Jungfraumensch sollte lernen, den Verstand als Handwerkszeug zu gebrauchen und nicht als letzte Instanz anzusehen, und er sollte lernen, in erster Linie sich selbst zu dienen, nicht anderen. Das heißt, die eigene Seele und die ureigensten Gefühle, die ihn bewegen, wahrzunehmen und auszudrücken. Dies bedeutet natürlich auch, dass er seine Arbeit als eine Tätigkeit empfinden muss, mit der er sich selbst ausdrücken kann.

Hermann Meyer hat in »Astrologie und Psychologie« (siehe Quellenhinweise) ein wunderbares Beispiel von realer Anpassung gegeben: Ein Redner wird sich dem jeweiligen Publikum anpassen, vor dem er spricht. Er spricht vor Arbeitern anders als vor Akademikern, aber er ändert nichts am Inhalt seiner Rede.

Hat sich ein Jungfraumensch in dieser Hinsicht erst einmal durchschaut, dann ist auch die Neigung zur Überanpassung kein Problem mehr.

Wesentliches und Unwesentliches: Der meist hoch entwickelte Intellekt findet oft sofort den schwachen Punkt an seinem Gegenüber oder an einer Sache. Dieses an sich bewundernswerte Talent der genauesten Beobachtung kann aber nur dann positiv zum Einsatz kommen, wenn ein Mensch mit Jungfraubetonung sich so weit freigeschwommen hat, dass er Wesentliches und Unwesentliches unterscheiden kann und seinen Hang zur Perfektion nicht in jedem Detail dieser Welt auslebt. Beispielsweise kann es Frau Jungfrau passieren, dass sie noch ein Komma im Vertrag ändert, während in der Zwischenzeit die Konkurrenz zuschlägt.

FÜR MENSCHEN MIT JUNGFRAU/MERKUR-THEMATIK IST ES WICHTIG, DARAUF ZU ACHTEN, WAS SIE ZU SICH NEHMEN, DAMIT ALLES WIRKLICH GUT VERDAUT WERDEN KANN – IN JEDER HINSICHT.

Für Menschen mit Jungfrau/Merkur-Thematik ist es wichtig, darauf zu achten, was sie zu sich nehmen, damit alles wirklich gut verdaut werden kann – in jeder Hinsicht. Wichtig ist die körperliche und seelische Entschlackung, sich sozusagen nicht »zumüllen« zu lassen. Allerdings ist es genauso wichtig, die Vorsorge nicht zu übertreiben.

Gesundheitlich werden der Jungfrau/dem Merkur zugeordnet:

Sehprobleme und Hörstörungen, Hörsturz (Augen und Ohren als Wahrnehmungsorgan); Verdauungs- und Darmprobleme: Durchfall, Verstopfung, Blähungen; Bauchspeicheldrüse, Darmflora; Vitamin-B12-Mangel, Anämie (siehe auch Widder).

Der Mond in der *Jungfrau*

- ● Neumond in der Jungfrau
- ☾ Abnehmender Mond von September bis März
- ☽ Zunehmender Mond von März bis September
- ⌒ Qualität absteigend
- ♍ Jungfrautage sind Wurzel- und Kältetage
- ♓ Fische ist das gegenüberliegende Zeichen

Gesundheit und Schönheit

Ab September nimmt der Mond in der Jungfrau ab. Diese Tage sind besonders wirkungsvoll, um eines der wichtigsten gesundheitlichen Probleme, die wir haben können, in Ordnung zu bringen: Verdauungsbeschwerden.

Von jetzt an bis zum nächsten März ist die Zeit der Darmreinigungs-, Entschlackungs- und Entgiftungstage. Immer bei Jungfraumond könnte man z. B. Blutreinigungs- oder andere Entschlackungstees trinken und milde Darmentleerungen vornehmen.

An Jungfrautagen bei abnehmendem Mond wirken Maßnahmen zur Darmreinigung, Entgiftung und Entschlackung besonders gut.

Bei einer nicht optimal arbeitenden Bauchspeicheldrüse ist es jetzt sehr günstig, bei abnehmendem Mond 14 Tage lang bis zum nächsten Neumond täglich mehrere große Tassen Brennnesseltee zu trinken.

Wenn Sie die Darmflora neu aufbauen müssen, beginnen Sie damit am besten ebenfalls bei abnehmendem Mond gleich nach

Vollmond, da zuerst die Giftstoffe aus dem Körper entfernt werden, bevor an den Aufbau herangegangen wird. Besonders an Jungfrautagen kann es passieren, dass sich nach einem allzu üppigen Essen des Nachts unliebsame, schwere Träume einstellen. Vom März bis September, wenn der zunehmende Mond durch die Jungfrau geht, wäre es deshalb gut, an diesen Tagen auf schwere und fette Speisen zu verzichten und den Verdauungsorganen etwas Gutes zu tun: viel Frisches essen, Ballaststoffe zu sich nehmen. In der Zeit des zunehmenden Jungfraumondes kann man außerdem Vitamin-B12-Mangel erfolgreich entgegenwirken.

AN JUNGFRAUTAGEN BEI ZUNEHMENDEM MOND IST VORSICHT BEI SCHWEREN MAHLZEITEN GEBOTEN.

Wenn Sie Wert auf einen lange anhaltenden Haarschnitt und eine gut sitzende Frisur und Dauerwelle legen, dann sollten Sie an einem Jungfrautag zum Friseur gehen.

Der Mond im Haushalt

Jetzt reifen im Garten die Apfelsorten, die sich gut zum Einlagern für den Winter eignen. Die Kellerregale reinigen Sie bei abnehmendem Mond an einemTag, an dem der Mond in einem Luft- oder Feuerzeichen steht. Das Einlagern nehmen Sie an den Tagen mit aufsteigender Qualität vor (Schütze bis Zwilling, nicht aber Fische).

Rund um die Topfpflanze

- Umtopfen an Wurzeltagen, vorzugsweise Jungfrau (oder anderes Zeichen mit absteigender Qualität).
- Gießen am besten an allen Blatttagen.
  Bei zu häufigem Gießen an Blütentagen stellen sich nämlich oft Blattläuse ein.
- Normales Düngen an Blatttagen oder an Wurzel- und Blütentagen, je nachdem, wo es krankt. In jedem Fall ist es bei zunehmendem Mond oder Vollmond besonders wirksam.

Balkon und Garten

Fast alle Gartenarbeiten sind günstig an den Jungfrautagen: Säen, Stecken, Umsetzen (auch Umtopfen!) von Pflanzen, Setzen von Bäumen, Sträuchern und Hecken, Ansäen von Rasen (zunehmender Jungfraumond) und Düngen.

JUNGFRAUTAGE SIND FÜR FAST ALLE GARTENARBEITEN GÜNSTIG.

Wenn ein Beet abgeerntet ist und nicht wieder bepflanzt wird, sollte es bei abnehmendem Mond gejätet und für das nächste Jahr hergerichtet werden.

Säen und pflanzen im September

Pflanzen: Alle Laub- und Nadelbäume, alle Stauden und Ziergehölzer, Primeln, Stiefmütterchen, Vergissmeinnicht, Tausendschönchen.

Säen: Radieschen und Möhren (Frühsorten). Blumenzwiebeln, die im Frühling blühen sollen, können jetzt schon gesetzt werden. Dazu ein paar Regeln, die die Blumenpracht im Frühjahr noch schöner werden lassen: Der Zeitpunkt: von Anfang September bis vor den ersten stärkeren Bodenfrösten (die meist Ende November eintreten).

Der Boden: Grundsätzlich jeder schwere Boden sollte mit Kompost verbessert werden, der Boden soll locker sein.

Der Ort: Außer an dunklen Stellen überall, also vom Sonnenlicht bis zum lichten Schatten. Für die Pflanztiefe gilt als Faustregel: Die Spitze soll ungefähr so tief wie der doppelte Zwiebelumfang in der Erde liegen. Auf dem Balkon muss es jetzt noch nicht abgeblüht aussehen: Es gibt noch genügend Pflanzen, die man im Herbst setzen kann und die mitunter bis zum Wintereinbruch halten. Dazu gehören u. a. Topferika, Chrysanthemen, Torfmyrten, grauweiße Silberblätter, Veronika.

Regen, Schnee und schlechtes Wetter – Regeln nach dem Bauernkalender

BAUERNREGEL: WENN DIE KUH DAS MAUL NACH OBEN HÄLT, SO ZIEHEN GEWITTER AUF.

Plötzlich eintretende gute Sicht
bedeutet Wetterverschlechterung,
in den Alpen sogar Wettersturz.

Wenn morgens schon rote Wolken
niedrig schweben oder kleine dunkel-
blaue, kommt Schlechtwetter.
Wenn morgens nach einem Regen
der Himmel tiefblau bleibt,
bleibt auch das Wetter schlecht.

Wenn große Spinnen, Würmer
und Schnecken über die Wege kriechen,
kommt sicher Regen.

Staubwirbel auf der Straße
kündigen Regen an.

Wenn sich die Ameisen verkriechen,
wird bald Regen vom Himmel gießen.

Wenn die Sonne »Wasser zieht«,
ist mit Regen zu rechnen.

Wenn Pflanzen plötzlich ihren Kopf
hängen lassen, kündigen sie Regen an.

Steigt ein großer, roter Mond
zwischen Wolken auf, kann man einen
halben Tag später mit Regen rechnen.

Findet der Mondwechsel am
Morgen statt, ist Regen zu erwarten.

WENN DIE NATUR IMMER MEHR BEISEITE GEDRÄNGT WIRD, TAUCHT SIE AN ANDERER STELLE MIT GEWALT WIEDER AUF. DARSTELLUNG DER SINTFLUT AUS DEM 17. JAHRHUNDERT.

Geht der Mondwechsel mit Ostwind einher,
bleibt das Wetter während des
ganzen Monats schlecht.

Wenn man die Mondsichel bei Neumond
erkennen kann, muss man mit
schlechtem Wetter rechnen.

Oktober

●✲●
ALTE NAMEN FÜR DEN OKTOBER SIND: OCTOBRIS, WEINMOND, GILBHARD.

Hält der Oktober das Laub,
wirbelt zu Weihnachten Staub

Wenn die Bienen zeitig verkitten,
kommt bald ein harter Winter geritten

Wie der Oktober, so der März –
das bewährt sich allerwärts

Späte Rosen im Garten
lassen den Winter noch warten

Oktober-Sonnenschein
schüttet Zucker in den Wein

Mit Crispin (25.)
sind alle Fliegen hin

Das Wetter

NACH DEM 100-JÄHRIGEN KALENDER

♄ **Saturnjahr:** In der ersten Hälfte Regenwetter, in der zweiten Hälfte wird es kalt; am Monatsende ist schon recht strenger Frost zu erwarten.

♃ **Jupiterjahr:** Den ganzen Monat viel Regen, alles wird durch und durch feucht.

♂ **Marsjahr:** Regen und erster Raureif, im zweiten Drittel nochmal Schönwetter, danach wird die Erde hart und gefroren.

☉ **Sonnenjahr:** Bis Mitte Oktober ist es überwiegend trocken und schön. Danach erster Nachtfrost, jeweils nachmittags wieder warm.

♀ **Venusjahr:** Im Großen und Ganzen schön und warm. Ende des Monats aber Frost und Schnee.

☿ **Merkurjahr:** Reif und Frost kommen sehr früh. Ab Mitte Oktober gibt es dann wieder schönes, trockenes Wetter bis zum Monatsende.

☽ **Mondjahr:** Kalt und unbeständig, anfänglich auch verregnet; um die Monatsmitte friert es, und gegen Ende des Monats schneit oder regnet es ausgiebig.

IM SPÄTEN HERBST SOLL DER BODEN TIEFGRÜNDIG GELOCKERT WERDEN, DAMIT IM NÄCHSTEN JAHR DIE WURZELN LEICHT IN DIE TIEFEREN SCHICHTEN VORDRINGEN KÖNNEN.

Sonnenzeichen

Waage

24. September bis 23. Oktober
Element: Luft
Herrscher: Venus ♀
Gegenüberliegendes Zeichen: Widder ♈
(mit Mars ♂ als Herrscher)
Mythologie: griech. Aphrodite, röm. Venus

Die Entstehung der Aphrodite, dieser wunderschönen Göttin der Liebe und der Schönheit, kennen wir bereits vom Sonnenzeichen Stier her. Sie wurde später mit dem abgrundhässlichen und verkrüppelten Hephaistos verheiratet, der aber als Kunstschmied unübertroffen war. Diese Ehe war für sie kein Hindernis, ein leidenschaftliches Liebesverhältnis mit dem Kriegsgott Mars einzugehen. Dabei treffen zwei völlig verschiedene und ganz widersprüchliche Charaktere aufeinander. Während der Kriegsgott Mars wild, ungeduldig und unnachgiebig ist, strebt die schöne und sanfte Venus nur nach dem versöhnlichen, harmonischen Ausgleich und sucht stets den Kompromiss. So erfüllt sie ihre Aufgabe, solche schier unüberbrückbaren Gegensätze wie beispielsweise schön und hässlich oder Krieg und Frieden zu vereinen.

Während ihr Liebhaber Mars wild, ungeduldig und unnachgiebig ist, strebt die Venus nur nach dem versöhnlichen, harmonischen Ausgleich und sucht stets den Kompromiss.

Sie strahlt Erotik, Freude und Glück aus, und wenn sie nicht immer ganz ehrlich ist, so deswegen, weil Frieden für sie einfach das

Wichtigste ist. Die ästhetische Venus liebt das Schöne, den Luxus, und mit ihrer Eleganz von leichter Hand kann sie sogar etwas oberflächlich wirken.

Astrologische Entsprechung

Die Venus ist sowohl Herrscherin des Sternzeichens Stier als auch der Waage. Im Stier ist mehr die bewahrende bis festhaltende und die genussfähige bis genusssüchtige Komponente der Venus zu finden. Hier bei der Waage geht es um gleichberechtigte Partnerschaft, es kommen mehr die ausgleichenden Kräfte der Venus zum Tragen und auch das erotische und ästhetische Moment.

Partnerschaft: Für eine Partnerschaft ist generell wichtig, so sein zu können, wie man ist. Wenn jeder immer nur dem anderen das »positive« Bild von sich hinhält und nur Anerkennung für sein im Grunde lädiertes Selbstbild haben möchte, so kann kein echter Austausch stattfinden. Echte Harmonie erreicht man nicht, indem man um des lieben Friedens willen tut, was ein anderer will. Oder auch dadurch, dass der andere die Vorstellungen erfüllt, die man selbst von einem scheinbar idealen Partner hat.

Den Blick dafür zu schärfen bedeutet allerdings Arbeit, aber letztlich wird es sich lohnen, denn wie viele Menschen wünschen sich eine funktionierende Partnerschaft und denken immer, es läge am anderen, dass es in ihrer Beziehung nicht klappt?

IM UNTERSCHIED ZUM KREBS, FÜR DEN DIE FAMILIE BEINAHE LEBENSWICHTIG IST, MISST EINE WAAGE ODER FÜR EIN WAAGEBETONTER MENSCH DER PARTNERSCHAFT DIE GRÖSSTE BEDEUTUNG BEI.

Erotik: Das erotische Moment ist, wie schon erwähnt, ein weiteres Waage/Venus-Thema, und wie das Leben so spielt, sind wir wieder bei der Beziehungsfähigkeit. Ein Mensch, der seine Erotik entdeckt und entfaltet hat, fühlt sich schön. Dies wiederum führt dazu, dass er auch seine eigene – dem Typ entsprechende – Ästhetik entdeckt. Er freut sich, schön zu sein und den anderen mit seiner Schönheit zu erfreuen. Waagen oder waagebetonte Menschen haben im Allgemeinen ein »Händchen« für Ästhetik und Eleganz, nicht nur, was ihre Person betrifft, sondern auch für ihre ganze nähere Umgebung. Und auch der Umgang mit ihnen wird einem im Allgemeinen leicht gemacht: Sie haben Charme, Charisma und Anmut. Oft haben sie übrigens ganz besonders schöne Augen!

Unternehmungsgeist: Waagen oder waagebetonte Menschen haben Unternehmungslust und Unternehmerqualitäten. Entgegen ihrem Ruf sind sie imstande, sehr hart zu arbeiten, und erwarten dies auch von anderen. Dass sie dabei des Öfteren den Idealismus anderer Menschen strapazieren, können ihnen wegen ihrer charmanten Ausstrahlung die wenigsten übel nehmen.

Waagemenschen mögen Detailarbeit nicht besonders und haben deshalb gerne Menschen um sich, die ihnen diese Arbeit freiwillig abnehmen. Natürlich kommt dies ihrem ausgeprägten Harmoniebedürfnis sehr entgegen; darüber hinaus wäre es für eine Waage ein schrecklicher Gedanke, als rücksichtslos zu gelten – auch wenn sie es gelegentlich schon sein kann. Denn ist sie einmal überzeugt davon, dass ihr irgendetwas Bestimmtes zusteht – sei es die Art, behandelt zu werden, oder eine Sache – so nimmt sie sich ihr Recht und interessiert sich in diesem Fall nicht unbedingt für die Meinung anderer. Das mag verblüffen, aber wenn man sich klarmacht, dass die Waage ein intellektuelles Luftzeichen ist, mit einem sehr scharfen Verstand, dann wird es verständlicher.

EINE UNENTSCHLOSSENE WAAGE MIT MANGELNDER AUFRICHTIGKEIT IST EINE AUS DEM GLEICHGEWICHT GERATENE WAAGE. SIE MÜSSTE SICH GENAU ANSEHEN, AUF WELCHEM GEBIET SIE ETWAS FÜR IHRE BALANCE TUN KANN.

Gesundheit: Für Menschen, die sich in den Waage/Venus-Themen wieder finden, ist die innere Balance ausschlaggebend für die Gesundheit. Das Aufgehobensein in Partnerschaften ist wichtig, wobei es sich nicht unbedingt um einen Liebespartner handeln muss.

Gesundheitlich werden Waage/Venus zugeordnet:

Nieren- und Blasenerkrankungen, Nierensteine; Pickel, Akne (in Verbindung mit Widder), alle Hautschwierigkeiten und -erkrankungen; Diabetes; Venenkrankheiten.

Der Mond in der *Waage*

- ● Neumond in der Waage
- ☾ Abnehmender Mond von Oktober bis April
- ☽ Zunehmender Mond von April bis Oktober
- ◠ Qualität absteigend
- ♎ Waagetage sind Blüten-, Luft- und Lichttage
- ♈ Widder ist das gegenüberliegende Zeichen

Gesundheit und Schönheit

An den Waagetagen ab Oktober soll man viel trinken, um Nieren und Blase gut durchzuspülen. Es empfiehlt sich, die Nieren warm zu halten, sie sind an Waagetagen besonders leicht reizbar.

AN WAAGETAGEN SOLLTE MAN MIT RÜCKSICHT AUF NIEREN UND BLASE VIEL KRÄUTERTEE UND STILLES WASSER TRINKEN UND MEHR MIT KRÄUTERN ALS MIT SALZ WÜRZEN.

Das alles eignet sich für Tees:

- Himbeer- und Brombeerblätter
- Lindenblüten, Birkenblätter
- Malvenblüten, Pfefferminzeblätter
- Melissenblätter, Kamillenblüten
- Löwenzahnwurzel, Hagebutten

Waagebetonte Menschen sollten generell viel Kräutertee und stilles Wasser trinken und mehr mit Kräutern als mit Salz würzen. An

Waagetagen ist beides doppelt wohltuend, besonders, wenn sich die Nieren ab und zu bemerkbar machen.

Zur Hautreinigung kann man viel tun, solange die Waage im abnehmenden Mond steht: den ganzen Körper kräftig bürsten, Kalt- und Warmgüsse oder beispielsweise hautentschlackende Ganzkörperpackungen. Auch intensive Aknebehandlungen sind jetzt angebracht.

DIE HAUTPFLEGE IST BESONDERS WIRKSAM, WENN DER ABNEHMENDE MOND IN DER WAAGE STEHT.

Sollte man eine Korrektur des Aussehens vornehmen lassen (Schlupflider, Nase, Hals, Busen etc.), so empfiehlt es sich, diese Operation in der Jahreshälfte zwischen Oktober und April vornehmen zu lassen, wenn die Waage im abnehmenden Mond steht, aber – wie schon öfter besprochen – nicht am Waagetag selbst.

Von April bis Oktober, wenn dann der zunehmende Mond durch die Waage geht, können Sie aufbauende Maßnahmen für Ihre Haut ergreifen (Gesichtspackungen o. ä.).

Der Mond im Haushalt

Jetzt ist wieder Saisonwechsel; die Sommersachen werden weggepackt, die Wintersachen hergeräumt. Wie im April gilt auch hier: an Wassertagen, also bei Krebs, Skorpion und Fische, alles noch einmal waschen. Eine chemische Reinigung kann grundsätzlich an allen Tagen im abnehmenden Mond (außer Steinbock) erfolgen. Schließlich kommt alles an einem Lufttag (Zwilling, Waage, Wassermann) in den Schrank, in dem es überwintern soll.

Balkon und Garten

Brennholz sollte im Oktober im zunehmenden Mond knapp nach Neumond geschlagen werden. Das Einschichten besorgt man am besten bei abnehmendem Mond und nicht an einem Wassertag (Schimmelgefahr).

Wenn Sie das erste Mal in der Saison heizen, wäre ein Wärmetag bei abnehmendem Mond am besten.

Säen und pflanzen im Oktober

Die Balkone werden allmählich abgeleert, aus den Geranienstöcken werden die Pflanzen, die überwintern sollen, herausgenommen. In neuer Erde und an einem kühlen, hellen Ort warten sie auf den nächsten Frühling. Vergessen Sie nicht, dass auch diese Pflanzen ab und zu Wasser brauchen; nicht richtig gießen, sondern nur anfeuchten.

Pflanzen: Blüten- und Beerensträucher, Obstbäume, Rosen und Blumenzwiebeln.

Rosentipps: Ein paar Tipps für eine schöne Rosenpracht im nächsten Jahr: Die Rosen sofort nach dem Kauf auspacken und einen Tag lang ins Wasser stellen. Vor dem Pflanzen werden dann die Wurzeln auf etwa 20 Zentimeter Länge zurückgeschnitten. Die Triebe von Kletterrosen und Strauchrosen schneiden Sie auf ca. 30 Zentimeter zurück, alle anderen Sorten auf ungefähr 15 Zentimeter. Die Erde muss ungefähr 30 Zentimeter tief gelockert werden. Die Rose kommt so tief in die Erde, dass der Wurzelhals etwa fünf Zentimeter tief in der Erde liegt. Bei Kletterrosen wird die Pflanze ungefähr 15 Zentimeter von der Wand entfernt eingesetzt.

Nach dem Einsetzen rund um die Pflanze eine Mulde drücken und diese immer wieder mit Wasser füllen, bis zum Überlaufen. Dann ist die Wurzel gut eingewässert. Danach wird die Pflanze mit einem kleinen Erdhügel locker abgedeckt.

VOR DEM PFLANZEN SOLLTEN DIE WURZELN DER ROSEN ZURÜCKGESCHNITTEN WERDEN.

Bodenbearbeitung: Im späten Herbst soll der Boden im Garten tiefgründig gelockert werden, damit im nächsten Jahr die Pflanzenwurzeln leicht in die tieferen Bodenschichten vordringen können. Vom Umgraben sei allerdings abgeraten, da dadurch das gesamte Bodenleben mit einem Schlag zerstört würde. Besser ist es, den Boden mit einem so genannten Sauzahn-Kultivator zu bearbeiten.

Zeichen für Frost & Schnee nach dem Bauernkalender

FROST UND SCHNEE BRACHTEN SCHON IMMER TYPISCHE WINTERFREUDEN MIT SICH, WIE DIE EISLÄUFER AUF DEM BILD BEWEISEN.

Wenn an Vollmond Nordwind weht,
kommt meist ein lang anhaltender Frost.

Hat der Mond einen Hof,
gibt es Wind mit Regen oder Schnee.

In mondhellen Nächten gibt es die
strengsten Fröste.

Die offene Seite des Mondhofes
zeigt die Richtung an, aus der Schnee
oder Regen kommen werden.

Steht der Mond in einem Ring,
dann ist ein Sturm zu erwarten.

Je größer der Hof, desto früher wird es
regnen oder schneien. Überstrahlt aber
der Mond den Hof, gibt es kein
schlechtes Wetter.

Gewitter- und Unwetterboten nach dem Bauernkalender

VIELLEICHT DAS BERÜHMTESTE GEWITTER IST DAS VON GIORGIONE, GEMALT 1505–1508 (AUSSCHNITT).

Schwarze Wolken, schwere Wetter.
Auf schwüle Luft folgt Donnerwetter.

Gewitter in der Vollmondzeit
verkündigen Regen lang und breit.

Wenn's auf trockenen Boden donnert,
gibt's ein gefährliches Wetter.

Wenn Fische springen,
steht ein Gewitter bevor.

Morgennebel im Sommer
kündigen Gewitter an.

Wenn der Bergwind von oben
nach unten geht, kommt ein Gewitter.

November

ALTE NAMEN FÜR DEN NOVEMBER SIND: NOVEMBRIS, WINDMOND, NEBLUNG.

NOVEMBERS MORGENROT
MIT LANGEM REGEN DROHT

JE MEHR SCHNEE IM NOVEMBER FÄLLT,
UMSO FRUCHTBRINGENDER WIRD DAS FELD

IST ES UM MARTINI TRÜB (11.),
WIRD DER WINTER AUCH NICHT LIEB

WIE DAS WETTER ZU SANKT KATHREIN (25.),
WIRD AUCH DER NÄCHSTE HORNUNG SEIN
(HORNUNG = FEBRUAR)

SCHAU IN DER ANDREASNACHT (30.),
WAS FÜR GESICHT DAS WETTER MACHT.
SO WIE'S AUSSCHAUT, GLAUB'S FÜRWAHR,
BRINGT'S GUTES ODER SCHLECHTES JAHR

Das Wetter

NACH DEM 100-JÄHRIGEN KALENDER

♄ **Saturnjahr:** Nach kaltem Oktober wieder etwas wärmer, aber verregnet.

♃ **Jupiterjahr:** Ziemlich verregnet, dazwischen friert es auch ein bisschen.

♂ **Marsjahr:** Größtenteils warm, vor allem an den Nachmittagen. Kein Schnee, nur am Anfang und am Ende des Monats etwa Frost – es wird erst spät Winter.

☉ **Sonnenjahr:** Der November fängt schön an, dann regnet es und nach dem ersten Drittel schneit es sogar mit kurzen Unterbrechungen eine ganze Woche lang. Danach wird es auch nicht viel besser.

♀ **Venusjahr:** Um Mitte November kommt der Winter mit hartem Frost und Schnee.

☿ **Merkurjahr:** Schönes, trockenes Wetter den ganzen Monat lang, nur ab und zu leichter Regen.

☽ **Mondjahr:** Zu Beginn starker Regen, danach gefriert es. Die zweite Monatshälfte wird wieder milder, gegen Monatsende wintert es dann zu.

FRÜHER FROST LÄSST AUF EINEN LANGEN UND KALTEN WINTER SCHLIESSEN.

Sonnenzeichen Skorpion

24. Oktober bis 22. November
Element: Wasser
Herrscher: Pluto ♇
Gegenüberliegendes Zeichen: Stier ♉
(mit Venus ♀ als Herrscher)
Mythologie: griech. Hades, röm. Pluto

Als die drei göttlichen Brüder Zeus, Poseidon und Hades um die Macht über Himmel, Erde, Meer und Unterwelt würfeln, fällt Hades die Unterwelt zu. Hades verliebt sich in Kore und entführt sie heimlich in sein Totenreich. Ihre Mutter, die Fruchtbarkeitsgöttin Demeter, zwingt ihn, sie wieder herauszugeben. Aber Kore hat Kerne eines Granatapfels gegessen und damit eine unverbrüchliche Bindung geschaffen. Zeus findet schließlich eine Lösung: Kore wird drei Viertel des Jahres auf der Erde leben, ein Viertel bei Hades im Schattenreich.

HADES IST GEFÜRCHTET, ER IST VERSCHLAGEN, HEIMTÜCKISCH, UNBARMHERZIG. MACHT UND GEWALT SIND SEINE ATTRIBUTE.

Hades ist gefürchtet, nicht einmal sein Name wird genannt. Er ist verschlagen, heimtückisch, unbarmherzig. Macht und Gewalt sind seine Attribute, er folgt zwanghaften Vorstellungen von Prinzipien und Ordnung und ist ein fanatischer Feind allen Lebens. Das Prinzip Hades ist aber auch die Umwandlung. Alle Seelen müssen erst einmal in die Unterwelt, ehe sie wieder geboren werden können. Sterben – zersetzen – neu entstehen: Diese Entwicklung geschieht im Dunkeln, unterirdisch, heimlich, langsam.

Astrologische Entsprechung

Wenn man sich die Eigenschaften Plutos ansieht, sind sie »fast wie im richtigen Leben«. Spätestens, wenn das »Schicksal« zugeschlagen hat, schlimmstenfalls unbarmherzig oder heimtückisch, sollte man seine Leitbilder, Einstellungen und Verhaltensmuster überprüfen. Wahrscheinlich wäre eine Lebensänderung angebracht.

Pluto ist dem Zeichen Skorpion zugeordnet. Für Skorpione und skorpionbetonte Menschen spielen solche Umwandlungsprozesse eine ganz besonders wichtige Rolle.

Charaktereigenschaften: Skorpion kann man gleichsetzen mit Macht, Wille und Triebhaftigkeit. Aber auf einer völlig anderen Ebene, als man das von allen anderen Sonnenzeichen her kennt. Nichts läuft da geradlinig und durchschaubar ab, sondern alles unterirdisch, schleichend, nicht wirklich greifbar, geschweige denn in Worte zu fassen.

SKORPION KANN MAN GLEICHSETZEN MIT MACHT, WILLE UND TRIEBHAFTIGKEIT. ER SETZT ALLES EIN, UM SEINE IDEALE ZU ERFÜLLEN.

Hier muss die Bildsprache weiterhelfen. So kann man sich einbilden, ein Leben zu führen, das durch eigene (unverrückbare) Ideale geprägt ist. Man tut sich und anderen Gewalt an, um diese Ideale zu erfüllen. Dass es nicht die eigenen sind, merkt einer erst, wenn er und/oder andere daran zugrunde gegangen sind.

Starke persönliche Ausstrahlung: Ein Skorpion – oder ein Mensch mit einer starken Plutobetonung – hat oft die Fähigkeit zum »Guru«. Die Leidenschaftlichkeit, mit der er seinen Standpunkt vertreten kann, und eine meist starke persönliche Ausstrahlung machen ihn dazu. Aber auch hier ist er nicht einfach ein geistiger Führer, der anderen auf ihrem Weg weiterhilft, sondern er bindet die Menschen an sich und sein Programm, im schlimmsten Fall setzt er rücksichtslos seine ganze Macht ein, um am Ende sein Ziel zu erreichen.

Ein Skorpion kann aber alle seine »Fähigkeiten« nur bei Menschen entfalten, die ihren eigenen Skorpion bzw. Pluto irgendwohin weggelegt haben, weil sie denken, sie kämen ohne Wandlungsprozess aus. Ein solcher Mensch muss allerdings dann nach fremden Vorstellungen leben. Er bekommt ständig eine fremde Macht zu spüren, fühlt sich ohnmächtig, wird manipuliert und ist ein prädestiniertes Opfer. Wer keine eigene Meinung hat, der lädt geradezu dazu ein, dass jemand anderer ihm seine Meinung aufdrückt.

WENN SIE MIT DEM SKORPION-THEMA ZU TUN HABEN, SOLLTEN SIE EXTREME MÖGLICHST MEIDEN.

Selbstvertrauen: Wenn jemand Dominanz ausübt, heißt das nicht, dass er Selbstvertrauen hat. Das heißt nur, dass er sozusagen vorbeugt, dass ein anderer ihn dominiert. Selbstvertrauen, sagt Hermann Meyer so schön und einfach, ist Vertrauen zu sich selbst: Ein Skorpion, der diesen Mechanismus durchschaut hat, hat hier bereits einen Sieg über sich selbst davongetragen. Er kann Schritt für Schritt seinen ureigensten Lebensweg gehen, wofür ihm seine außergewöhnliche Durchsetzungs- und Leistungskraft und sein hohes schöpferisches Potenzial zur Verfügung stehen. Eine unvorstellbare Macht – aber ein Skorpion, der das Verständnis für das ewige »Stirb und Werde« entwickelt hat, übt sie über sich selbst aus und nicht über andere.

Extreme vermeiden: Wenn Sie mit Skorpion/Pluto-Themen zu tun haben, sollten Sie bereit sein, von zu einseitigen Vorstellungen abzurücken. Sie sollten nicht das Extreme suchen, sondern es tunlichst meiden.

Gesundheitlich werden Skorpion/Pluto zugeordnet:

Leistenbruch; Nabelschnur-Umschlingungen; Geschlechtskrankheiten, Erkrankungen im Genital- und Anusbereich, Verschlusskrankheiten an Darm, Leber, Harnröhre, Prostata; Eierstock- und Hodenentzündungen, Hämorrhoiden; Verschleißerscheinungen aller Art; Erbkrankheiten; Nasennebenhöhlen (Geruchssinn).

Der Mond im *Skorpion*

- ● Neumond im Skorpion
- ☾ Abnehmender Mond von November bis Mai
- ☽ Zunehmender Mond von Mai bis November
- ⌓ Qualität absteigend
- ♏ Skorpiontage sind Blatt- und Wassertage
- ♀ Stier ist das gegenüberliegende Zeichen

Gesundheit und Schönheit

An Skorpiontagen kann man etwas tun, um Entzündungen, die dem Zeichen zugeordnet sind, auszuheilen bzw. ihnen vorzubeugen (z. B. Eierstockentzündungen). An diesen Tagen kann man sich aber auch rascher als an anderen Tagen eine Unterleibserkältung holen – deshalb nicht auf den nackten Boden setzen! Ebenfalls an allen Skorpiontagen sollten Sie sich vor Anstrengungen kurz vor der Geburt hüten. Wenn der Skorpion ab Mai vom zunehmenden Mond begleitet wird, sind diese Tage gut geeignet für Schlammbäder – wenn man so etwas mag. Auch Schafgarbe-Sitzbäder gegen Frauenleiden wirken in dieser Zeit gut.

Nasennebenhöhlen-Behandlungen sind an Skorpiontagen erfolgreicher. Sollte allerdings ein kleiner Eingriff erforderlich sein, dann sollten Sie zwar die Zeit wählen, in der der abnehmende Mond im Skorpion steht, nicht aber den Skorpiontag selbst.

DEM SKORPION WERDEN DIE GESCHLECHTSORGANE UND DIE HARNLEITER ALS KÖRPERREGIONEN ZUGEORDNET.

Der Mond im Haushalt

Christbäume (Tannen und Fichten) behalten ihre Nadeln besonders lange, wenn man sie drei Tage vor dem elften Vollmond des Jahres schlägt, der meist in den November fällt.

Der Skorpiontag ist – wie alle anderen Wassertage – gut zum Wäschewaschen geeignet. Betten sollten Sie an Skorpiontagen nicht im Freien lüften; die Feuchtigkeit des Wassertages bleibt in den Federn hängen.

Kräuterkissen

GEGEN RHEUMA: LAVENDEL, LÖWENZAHN, ROSMARIN.

GEGEN GRIPPE: HAGEBUTTE, LINDENBLÜTE, SCHWARZER HOLUNDER.

GEGEN NERVOSITÄT: BALDRIAN, FENCHEL, HOPFEN, LAVENDEL, MELISSE.

- Kräuter bei zunehmendem Mond pflücken, Blüten am Blütentag, Blätter am Blatttag.
- Besonders intensiv ist die Wirkung immer an Skorpiontagen.
- Bei abnehmendem Mond füllt man die Kräuter ins Leinenkissen, am besten an Zwillingstagen; Wassertage sollte man meiden.
- Das Kissen nie bei feuchtem Wetter lüften!

Wann wendet man das Kissen an?

- gegen Rheuma an Steinbocktagen
- gegen Depressionen an Krebstagen
- bei Nervosität an Wassermanntagen
- bei Überempfindlichkeit an Fischetagen
- für Gelassenheit an Widdertagen
- fürs tiefe Atmen an Zwillingstagen

Duftkissen mit Aromaöl

- zur Entspannung an Stiertagen
- zum Auftanken von Kräften an Löwetagen

- im Zweifelsfall an Schützetagen
- gegen böse Dämonen an Skorpiontagen
- für ein gutes Gewissen an Jungfrautagen
- für schöne Träume an Waagetagen

Balkon und Garten

Im Venusjahr, sagt der 100-jährige Kalender, sollen die Pflanzen zeitig gedeckt werden; nach Martini (11. November) ist der Boden meist schon gefroren. Im Marsjahr dagegen soll es spät Winter werden. Die Erde friert spät, die Poren der Erde können sich nicht rechtzeitig schließen, und die gespeicherte Wärme kann stärker entweichen. Regnet es viel, macht das die Erde nochmals kühler. Nach einem solchen Winter wird es nur langsam grün. Man kann, wenn die Wetterbeschreibung zutrifft, gleich etwas später aussäen und pflanzen.

Säen und pflanzen im November

Zu pflanzen gibt es nur wenig: In den Balkonkasten können Frühlingsblumenzwiebeln, im Garten noch Hecken und Obstbäume gesetzt werden. Sind nun Stauden, Rosen und Zwiebelblumen mit einer schützenden Winterdecke zugedeckt? Lose übereinander gelegte Tannenzweige eignen sich sehr gut, ebenso grober Kompost oder Mulch. Laub sollte nicht verwendet werden, weil die Pflanzen darunter oft ersticken. Kletterrosen kann man mit Schilfmatten vor Frost schützen. Auch das Verjüngen von Hecken und das Auslichten zu dichter Sträucher steht an. Ein starker Schnitt belebt das Wachstum, ein leichter dagegen sorgt für schönere Blüten und Früchte. Der Schnitt sollte schräg angesetzt werden, damit das Regenwasser ablaufen kann. Zweige mit einer Dicke von mehr als einem Zentimeter sollten gegen Parasiten mit Baumwachs versiegelt werden. Wenn Ihre Balkonpflanzen im Freien überwintern, so decken Sie die Kästen gut ab und legen bei Frost noch Plastikfolien oder Säcke darüber. Außer bei Frost ist darauf zu achten, dass die Erde nicht austrocknet.

LOSE ÜBEREINANDER GELEGTE TANNENZWEIGE EIGNEN SICH SEHR GUT FÜR DIE ABDECKUNG FROSTEMPFINDLICHER PFLANZEN, EBENSO GROBER KOMPOST ODER MULCH. LAUB SOLLTE NICHT VERWENDET WERDEN, WEIL DIE PFLANZEN DARUNTER OFT ERSTICKEN.

Gewürze & Küchenkräuter

BEIFUSS WIRD AM BESTEN IN EINEM MULLSÄCKCHEN MITGEKOCHT, DER VOR DEM SERVIEREN ENTFERNT WERDEN MUSS.

Zum Backen nimmt man
Anis, Fenchel, Koriander, Kümmel.

Beim Braten verwendet man
Basilikum, Beifuß, Bohnenkraut,
Dill, Liebstöckel, Rosmarin,
Salbei, Sellerie.

Den Fisch würzt man mit
Basilikum, Bohnenkraut, Dill,
Liebstöckel, Rosmarin,
Salbei, Sellerie.

Geflügel schmeckt am besten mit
Basilikum, Beifuß, Bohnenkraut,
Majoran, Rosmarin,
Thymian.

Für Wildgerichte eignen sich
Basilikum, Bohnenkraut,
Koriander, Liebstöckel, Lorbeer,
Majoran, Rosmarin, Thymian
und Wacholderbeeren.

An Salate gibt man
Basilikum, Bohnenkraut,
Borretsch, Dill, Estragon,
Petersilie, Schnittlauch,
Thymian.

Beim Schlachten verwendet man Knoblauch, Majoran, Thymian.

Saucen würzt man mit Basilikum, Bohnenkraut, Liebstöckel, Majoran.

VIELE KRÄUTER HABEN IHREN FESTEN PLATZ IN DER TRADITIONELLEN HEILKUNDE, WIE ZUM BEISPIEL PETERSILIE. DARSTELLUNG AUS EINEM MEDIZINISCHEN LEHRBUCH AUS DEM 15. JAHRHUNDERT.

In Suppen gibt man Basilikum, Bohnenkraut, Dill, Kerbel, Liebstöckel, Petersilienwurzel, Sellerie.

Zu Gemüse gibt man Anis, Basilikum, Bohnenkraut, Majoran, Petersilie, Salbei, Schnittlauch.

Dezember

ALTE NAMEN FÜR DEN DEZEMBER SIND: DECEMBRIS, CHRISTMOND, FROSTMOND.

Die Erde muss ihr Betttuch haben,
soll sie der Winterschlummer laben

Regnet es an Nikolaus (6.),
wird der Winter streng und graus

Wie der Dezember pfeift, so tanzt der Juni

Friert's am kürzesten Tag (21.),
so wird das Korn billig;
ist es gelinde, so steigt es im Preis

Watet die Krähe an Weihnacht im Klee,
sitzt sie an Ostern im Schnee

Je dicker das Eis um Weihnacht liegt,
je zeitiger der Bauer Frühling kriegt

Das Wetter

NACH DEM 100-JÄHRIGEN KALENDER

♄ **Saturnjahr:** Zuerst viel Regen, im letzten Drittel viel Schnee und Kälte.

♃ **Jupiterjahr:** Vor allem am Anfang des Monats ist das Wetter unbeständig! Es gibt Schnee, Wind und Kälte, aber auch sonnige Tage. Ab Mitte des Monats wechseln sich klare Kälte und trübes, wärmeres Wetter ab.

♂ **Marsjahr:** Unbeständig! Frost, trübes Wetter und Schnee, am Monatsende ziemlich kalt. Durch Regenfälle besteht erhöhte Gefahr von Glatteis.

☉ **Sonnenjahr:** Anfangs schneit es, das Wetter ist neblig und trüb, dann aber wird es klar und trocken. Gegen Ende zwar klares, aber frostiges Wetter.

♀ **Venusjahr:** Der Boden gefriert, und es ist frostig.

☿ **Merkurjahr:** Plötzlicher Wintereinbruch, der Boden friert erst nach dem ersten Schnee; es wird kalt.

☽ **Mondjahr:** Der Dezember ist feucht, es regnet viel, später trüb ohne Regen, zum letzten Monatsdrittel hin Schnee, Kälte und trübes Wetter.

DER SCHNEE, DER DAS LAND BEDECKT, SCHÜTZT DIE NEUE SAAT.

Sonnenzeichen
Schütze

23. November bis 21. Dezember
Element: Feuer
Herrscher: Jupiter ♃
Gegenüberliegendes Zeichen: Zwilling ♊
(mit Merkur ☿ als Herrscher)
Mythologie: griech. Zeus, röm. Jupiter

Der großzügige Göttervater Zeus liebt Erfolg, Glück, Optimismus, Zufriedenheit und Heiterkeit. Und das, obwohl er keine leichte Jugend hatte. Seine Mutter musste ihn lange Zeit versteckt halten, denn sein Vater Kronos (Saturn) hatte die unselige Angewohnheit, seine Kinder zu verspeisen.

DER GROSSZÜGIGE GÖTTERVATER ZEUS LIEBT ERFOLG, GLÜCK, OPTIMISMUS, ZUFRIEDENHEIT UND HEITERKEIT.

Als Zeus erwachsen ist, entmachtet er seinen Vater, schickt ihn in die Verbannung und tritt nun selbst die Herrschaft über Götter und Menschen im Olymp an.

Seine Schwester Hera, die er mit List für sich gewinnt, macht er zu seiner Frau. Das hindert ihn aber nicht daran, fast unüberschaubar viele Söhne und Töchter mit Göttinnen, Halbgöttinnen und sterblichen Frauen zu zeugen. Immer wieder zieht es ihn in die Ferne, zu neuen Abenteuern und unzähligen Seitensprüngen. Sein Lieblingssohn ist Herakles, ursprünglich ein Sterblicher, der zu Ehren seines Vaters die Olympischen Spiele erfindet.

Zeus steht für Kultur, Erkenntnis, Einsicht und Weisheit, für Güte und Gnade, Offenheit und Expansion. Er ist Schützer und Bewahrer der »göttlichen Ordnung« und hat sehr hohe Ideale. Selbst wenn er straft, möchte er, dass der andere noch etwas lernt. Solange sein Führungsanspruch unangetastet bleibt, ist er friedliebend und voll »jovialer« (= jupiterhafter) Güte. Wird er aber in irgendeiner Weise angegriffen oder ist er selbst an einem Vorgang beteiligt, so kommen ihm seine Toleranz, sein Edelmut und all die anderen schönen Eigenschaften plötzlich abhanden. Großmut wird dann zur Großspurigkeit; Selbstüberschätzung, Pathos und Übertreibung kommen ins Spiel. Zeus misst mit zweierlei Maß: Quod licet Jovi, non licet bovi (Was Jupiter zukommt, kommt dem Ochsen noch lang nicht zu).

Astrologische Entsprechung

Auch die Schützen – oder schützebetonten Menschen – haben, wie ihr Vorbild Zeus, erst einmal eine positive Lebenseinstellung. Schützen wäre es am liebsten, ihr Leben ohne größere Probleme und Reibungen gestalten zu können, und sie gehen unangenehmen Situationen weitestgehend aus dem Weg. Sehr gerne sind sie edel, hilfreich und gut; so sichern sie sich die Anerkennung anderer Menschen und vermindern deren Kritiklust.

Entweder ist ein Schütze gerne unter seinesgleichen – das strengt am wenigsten an – oder aber er tritt als Förderer und Mäzen in Erscheinung. Allerdings stellt er damit bestimmte Erwartungen an den Empfänger, und wenn diese nicht erfüllt werden, so zieht der enttäuschte Mäzen seine Gunst wieder zurück. Dies hängt mit der oft starken ideellen Prägung des Schützen zusammen. In so manchem Schützen steckt ein mehr oder weniger verkappter Missionar.

SEHR OFT GERÄT IM LEBEN EINES SCHÜTZEN ETWAS EHER EINE NUMMER ZU GROSS ALS ZU KLEIN, EHER ZU ÜPPIG ALS ZU MAGER.

Sehr oft gerät im Leben eines Schützen etwas eher eine Nummer zu groß als zu klein, eher zu üppig als zu mager. Das reicht von den Wohnräumen bis hin zum Gefühl, ist aber im Grunde immer ehrlich gemeint und von einer gewissen lässigen Großzügigkeit geprägt. Es gibt aber auch den Fall, dass ein Schütze oder schützebetonter Mensch aufgrund seiner kleinlichen und starren Normen nicht so großzügig agieren kann, wie er gerne wollte; er hat seinen Jupiter irgendwo untergestellt. Dann hat man es mit einem etwas traurigen Schütze-Exemplar zu tun: etwas engstirnig und bigott, ohne Bildung und ziemlich glücklos bei allem, was er anpackt. Damit geht ihm der Sinn verloren, und er kann zu einem depressiven Menschen ohne Inhalte werden. Unter Umständen behält er aber auch sein fröhliches, optimistisches und unbekümmertes Naturell und wird zu einem charmanten Hochstapler ohne jeden Hintergrund.

EINES TAGES WILL DER SCHÜTZE DEN SINN HINTER DEM WISSEN, DEN SINN DES LEBENS ERGRÜNDEN.

Den Sinn suchen: Den meisten Schützen allerdings ist an Expansion, Ausdehnung gelegen, an Sinnfindung und Erweiterung ihres Gesichtskreises. Schon Bildung als solche ist einem Schützen oder schützebetonten Menschen sehr wichtig. Eines Tages aber genügt dem weiter entwickelten Schützen sein meist breit gefächertes Wissen nicht mehr, er will den Sinn hinter dem Wissen, den Sinn des Lebens ergründen. Wenn Menschen in ihrem Horoskop eine starke Jupiterbetonung haben oder Schützen sind, so wird auch über das Reisen ihr Wissen und Verständnis gefördert.

Das Thema: Die Schütze-/Jupiter-Thematik kann man kurz und bündig so formulieren: Die Übertreibung sollte in jeder Form und auf jedem Lebensgebiet bekämpft oder doch wenigstens vermieden werden!

Gesundheitlich werden Schützen/Jupiter zugeordnet:

Erkrankungen am Ischiasnerv, Störungen des Fettstoffwechsels, Leber- und Gallenkrankheiten (z. B. Gelbsucht); Hüftgelenkserkrankungen; Gewichtszunahme (Übergewicht); Störungen des Cholesterinhaushaltes; Muskelverletzungen im Lendenbereich (auch Lendenwirbel); Schwellungen an Armen und Beinen.

Der Mond im *Schützen*

● Neumond im Schützen
☾ Abnehmender Mond von Dezember bis Juni
☽ Zunehmender Mond von Juni bis Dezember
⌓ Der Schütze ist das Bindeglied zwischen ab- und
◡ aufsteigendem Mond
♐ Schützetage sind Blatt- und Wassertage
♊ Zwilling ist das gegenüberliegende Zeichen

Gesundheit und Schönheit

Leicht zu merken: Wenn der Mond im Schützen abnimmt, tun Sie's auch. Es gibt im Dezember einen besonders guten Termin, um entweder abzunehmen oder eine Heilfastenzeit einzulegen, und zwar zwischen dem Krebsmond und dem Schützemond; das sind ca. drei Wochen, die sie zur Auswahl haben. Eigentlich ideal – wenn es nicht ausgerechnet die Vorweihnachtszeit wäre mit ihren tausend Verführungen. Aber vielleicht haben Sie ja mal Lust dazu.

Zwischen dem Krebsmond und dem Schützemond ist die beste Zeit für eine Fastenkur.

Anschließend, nach Neumond, könnten Sie dann mit den aufbauenden Maßnahmen beginnen (besonders wichtig, wenn Sie eine Heilfastenkur machen). Ehe Sie aber eine Heilfastenkur beginnen, sprechen Sie sicherheitshalber mit Ihrem Arzt! Heilfasten darf nur ein völlig gesunder Mensch, am besten unter ärztlicher

Aufsicht. Leber- und Gallentee an Schützetagen (besonders im nächsten halben Jahr) sind wahre Entgiftungsorgien, obwohl die Leber in erster Linie dem Krebs »untersteht«. An den Schützetagen sollten Sie Ihren Ischiasnerv im Auge behalten – natürlich nur im übertragenen Sinn. Wenn Sie ihn in dieser Zeit ein wenig warmhalten, dankt er es Ihnen. Es könnte auch sein, dass er Ihnen abrupte Bewegungen übel nimmt.

Wenn Sie an Schützetagen in die Berge gehen und untrainiert sind, werden Sie am nächsten Tag Ihre Oberschenkel ziemlich spüren. – Also viel Spaß!

SCHÜTZETAGE BEI ZUNEHMENDEM MOND SIND FÜR MENSCHEN MIT GEWICHTSPROBLEMEN BESONDERS PROBLEMATISCH: JEDES ESSEN SETZT JETZT BESONDERS AN.

Der Schütze wird ab Juni vom zunehmenden Mond durchquert – diese Schützetage haben eine besonders »zunehmende« Qualität. Leute mit Gewichtsproblemen sollten sich diese Tage rot anstreichen und sich immer wieder sagen, dass ein üppiges Essen total ungesund ist.

Der zunehmende Schützemond von Juni bis Dezember kann gut für eine Frischzellentherapie genutzt werden.

Der Mond im Haushalt

Lassen Sie sich nicht stressen von irgendwelchen Weihnachtsvorbereitungen! Bekanntlich wird zwar immer wieder darüber gesprochen, aber man sollte es sich auch wirklich zu Herzen nehmen. Denn keiner hat irgendeinen Genuss von schönen Anisplätzchen oder Freude am blitzblanken Fußboden, wenn die Stimmung im Familienkreis oder in der Freundesrunde miserabel ist. Was an Aktivitäten sein muss, sollten Sie auf den abnehmenden Mond verlegen und im übrigen »fünfe gerade sein lassen«, wie man so schön sagt. Wenn Sie eine Geschenkliste förmlich »abarbeiten« müssen und einen Familienbesuch an diesen Tagen eher als Belastung empfinden, dann sollten Sie wahrscheinlich einmal darüber nachdenken, welchen Sinn Sie im Weihnachtsfest sehen und was Weihnachten bedeuten könnte, wenn man es einmal ganz anders feiern würde ...

Balkon und Garten

Jetzt, wo im Garten Winterruhe herrscht, haben Sie Zeit, um das nächste Gartenjahr zu planen. Wie wäre es, wenn Sie die Gelegenheit nutzen und Schritt für Schritt auf einen biologischen Anbau umsteigen?

Ein wenig Geduld und Ausdauer werden Sie allerdings brauchen, wenn Ihr Garten jahrzehntelang mit Kunstdünger und chemischen Unkraut- bzw. Schädlingsbekämpfungsmitteln behandelt wurde. Es dauert dann mindestens drei bis fünf Jahre, bis die Bodenökologie wieder zurück ins natürliche Gleichgewicht findet. Dennoch brauchen Sie in dieser Zeit nicht auf Ihre Ernte zu verzichten, wenn Sie bei der Umstellung planmäßig und behutsam vorgehen.

SO STELLEN SIE IHREN GARTEN AUF BIOLOGISCHEN ANBAU UM.

Das Programm

1. Informieren Sie sich ausführlich. Nutzen Sie das reichhaltige Literaturangebot in Ihrer Buchhandlung – so verschaffen Sie sich einen guten Überblick.
2. Planen Sie die Erträge. Wie viel wollen Sie im nächsten Jahr unbedingt ernten? Oder können Sie unter Umständen im ersten Jahr der Umstellung ganz auf eine Ernte verzichten? Von Ihren Antworten hängt es ab, ob der Garten im ganzen umgestellt werden soll oder allmählich ein Teil nach dem anderen.
3. Bereiten Sie die Umstellung vor. Besorgen Sie die erforderlichen Mittel und Materialien, z. B. Saatgut für die Gründüngung, Baustoffe für ein Hügel- oder Hochbeet und anderes mehr.
4. Machen Sie den ersten praktischen Schritt. Lassen Sie den Boden in einem Labor untersuchen, und fordern Sie Hinweise zur biologischen Düngung an (lesen Sie bitte weiter unter Januar auf Seite 131).

Gutwetterboten nach dem Bauernkalender

AUS DEN FRÜHEN MORGENSTUNDEN LÄSST SICH VIEL ÜBER DEN TAG ERFAHREN. GEMÄLDE VON CLAUDE LORRAIN AUS DEM 17. JAHRHUNDERT.

Wenn Schäfchen am Himmel stehn,
kann man spazieren gehn.

Wenn Nebel von den Bergen absteigen
oder vom Himmel fallen oder in den
Tälern liegen, bedeutet es schönes Wetter.

Ein bewölkter Morgen
bei abnehmendem Mond
verheißt einen schönen Nachmittag.

Flimmert die Luft, deutet dies
für die nächste Zeit auf gutes Wetter hin.

Grauer Morgenhimmel
und roter Abendhimmel
versprechen schönes Wetter.

Morgens viel Tau auf den Wiesen
bedeutet weiterhin schönes Wetter.

Geht die Sonne morgens als
goldene Scheibe auf, bleibt es schön.

Gutes und schlechtes Wetter nach dem Bauernkalender

Ostwind bringt Heuwetter
Westwind bringt Krautwetter
Südwind bringt Hagelwetter
Nordwind bringt Hundewetter.

Ist der Ring nahe Sonne oder Mond,
uns der Regen verschont; ist der Ring
aber weit, hat er Regen im Geleit.

Regenbogen am Morgen macht dem
Schäfer Sorgen; Regenbogen am Abend,
ist dem Schäfer labend.

Wenn die Mücken tanzen und spielen,
sie morgiges gutes Wetter fühlen.
Wenn die Mücken im Schatten spielen,
werden wir bald Regen kriegen.

Ist das Wetter am sechsten Tag des Mondes
das gleiche wie am vierten Tag, wird es
während der ganzen Mondphase halten.

WENN SICH DIE GEGENSÄTZLICHEN ELEMENTE LICHT BZW. FEUER UND WASSER BEGEGNEN, KANN EINES DER SCHÖNSTEN SCHAUSPIELE DER NATUR ENTSTEHEN: DER REGENBOGEN.

Januar

ALTE NAMEN FÜR DEN JANUAR SIND: JANUARIUS, HARTUNG, EISMOND.

NEUJAHRSNACHT STILL UND KLAR
DEUTET AUF EIN GUTES JAHR

WIRFT DER MAULWURF IM JANUAR,
DAUERT DER WINTER BIS MAI SOGAR

IST HEILIGDREIKÖNIG SONNIG UND STILL,
DER WINTER VOR OSTERN NICHT WEICHEN WILL

JE FROSTIGER DER JANUAR,
JE FREUDIGER DAS GANZE JAHR

IST DER JANUAR SEHR NASS,
BLEIBT LEER DES WINZERS FASS

ANFANG UND ENDE VOM JANUAR
ZEIGEN DAS WETTER FÜRS GANZE JAHR

Das Wetter

NACH DEM 100-JÄHRIGEN KALENDER

♄ Saturnjahr: Ein strenger Winter mit starkem Frost und viel Schnee!

♃ Jupiterjahr: Mittelkalt und Graupelschauer im ersten Drittel. Danach unbeständig und windig. Gegen Ende des Monats gibt es Regen und Schnee, Wind und Nebel.

♂ Marsjahr: Anfangs kalt, im letzten Drittel wechselhaft. Der Januar klingt mit Schneeregen aus.

☉ Sonnenjahr: Der Januar wird zum größten Teil trocken und mittelkalt.

♀ Venusjahr: Eher trocken und kalt.

☿ Merkurjahr: Es schneit und ist kalt bis Ende des Monats.

☽ Mondjahr: Bis zur Monatsmitte trüb, feucht und kalt. Nach einem milden Intermezzo wird es wieder kalt, und es regnet.

IM JANUAR WERDEN DIE TAGE WIEDER HELLER UND LÄNGER, ABER DER WINTER FÄNGT ERST RICHTIG AN.

SONNENZEICHEN
Steinbock

22. DEZEMBER BIS 20. JANUAR
ELEMENT: ERDE
HERRSCHER: SATURN ♄
GEGENÜBERLIEGENDES ZEICHEN: KREBS ♋
(MIT MOND ☽ ALS HERRSCHER)
MYTHOLOGIE: GRIECH. KRONOS, RÖM. SATURN

KRONOS IST EIN ZIEMLICH UNBEUGSAMER HERRSCHER, DER UNBEIRRBAR AN RECHT UND ORDNUNG FESTHÄLT.

Kronos ist der Kinder verschlingende Gott, von dem Sie schon verschiedentlich gelesen haben. Um diese Tat zu verstehen, müssen wir uns wiederum seinem Vater zuwenden: Uranos (der Himmel), der Vater von Kronos, hat den ersten Teil seiner Kinder, die Kyklopen, nach einem Aufstand in den Tartaros (die Hölle) geworfen. Darüber wiederum ist seine Frau Gaia (die Erde) ziemlich erzürnt. Sie befiehlt dem zweiten Teil der Kinder, den Titanen, gegen den Vater aufzubegehren. Kronos (Saturn), der Anführer der Titanen, überrascht seinen Vater im Schlaf, entmannt ihn mit einer Sichel und macht sich zum Alleinherrscher über die Erde. Er ist ein ziemlich unbeugsamer Herrscher, der unbeirrbar an Recht und Ordnung festhält. Sein sterbender Vater prophezeit ihm, dass auch er von einem seiner Söhne entthront werden würde. Aus Angst, dass diese Prophezeiung in Erfüllung gehen könnte, verschlingt Kronos nun alle Kinder, die ihm seine Schwester und

Gattin Rhea geboren hat, selbst die Töchter. Aber letzten Endes geht das Orakel doch in Erfüllung, und sein Sohn Zeus, der spätere Göttervater, entthront ihn. Allerdings ist Zeus nicht so erbarmungslos und schickt Kronos lediglich in die Verbannung. Er soll der Herrscher über Latium (latere = sich verbergen) geworden sein, sein Name lautet dann Janus, der Zweigesichtige. Ein Gesicht hält Rückschau in die Vergangenheit, das andere blickt wissend in die Zukunft.

Durch Kronos gibt es die Wertung Gut und Böse; durch Kronos gibt es die Polarität, ohne die in unserem Leben keine Entwicklung stattfinden würde: Langsamkeit wird zu Geduld, aus Einschränkung entsteht Struktur, aus Mangel kann freiwilliger Verzicht werden, aus Härte wird Verantwortung. Kronos findet durch Schmerz, Trennung und Einsamkeit endlich doch zum Wesentlichen des Lebens.

Astrologische Entsprechung

Saturn steht in der Astrologie nach seinem mythologischen Vorbild Kronos für Recht, Gesetz und Ordnung. Aber er steht auch für gesellschaftliche Normen und Maßstäbe, die mit eigenen Empfindungen meist nichts zu tun haben. Es sind dies die ungeschriebenen Vorschriften, was »man« empfindet, was »man« tut. Viele betrachten diese Norm so lange als unumstößliche Autorität, bis ihnen durch ein schweres Erlebnis, einen Schicksalsschlag, eine Krankheit, bewusst wird, welche Verantwortung sie ihrem eigenen Leben gegenüber, aber auch welche Rechte sie eigentlich haben.

SATURN STEHT IN DER ASTROLOGIE NACH SEINEM MYTHOLOGISCHEN VORBILD KRONOS FÜR RECHT, GESETZ UND ORDNUNG. ABER ER STEHT AUCH FÜR GESELLSCHAFTLICHE NORMEN UND MASSSTÄBE, DIE MIT EIGENEN EMPFINDUNGEN MEIST NICHTS ZU TUN HABEN.

Charakter: Viele Steinböcke, aber auch Menschen mit Steinbockbetonung im Horoskop, erleben den Saturn als »inneren Maßregler«. Wenn man so will, tragen sie immer noch Eltern und Umwelt mit sich herum, die in ihnen den (für sie ewig gültigen) Maßstab für Gut und Böse installiert haben. Die sehr schönen Steinbockeigenschaften wie Ausdauer, Beharrlichkeit, Realitätsbezogenheit,

Vernunft und ein gesundes Rechtsempfinden können zu Sturheit, Selbstgerechtigkeit, kalter Strenge oder überzogenem Ehrgeiz werden, wenn ein Steinbock nicht seine eigenen Richtlinien entdeckt und danach lebt.

Steinböcke sind fast immer sehr praxisorientierte, methodische Menschen und können unglaublich hart arbeiten. Auch wenn er es verbirgt: Ein Steinbock braucht Anerkennung wie ein Fisch das Wasser. Unbedeutend zu sein oder nicht anerkannt zu werden ist für ihn eine Strafe, kommt aber ohnehin nicht sehr oft vor, da ein Steinbock meist auf der Erfolgsleiter zügig nach oben klettert. Zumal finanzielle Sicherheit für ihn sehr, sehr wichtig ist. Aber nicht, um sich ein süßes Leben zu gönnen, sondern als Absicherung. Steinböcke haben große Angst, im Alter finanziell von anderen abhängig zu sein. Da sich ein Steinbock sehr zurückhaltend zeigt und eine gewisse Langmut hat, hält man ihn meist für sanfter, als er ist. Dass dieser im Grunde keinen Millimeter zurückweicht, merkt manch einer erst, wenn er gegen einen Steinbock gelaufen ist. Steinböcke werden meist immer jünger, je älter sie werden. Trotzdem umweht einen reiferen Steinbock das Flair des einsamen Wolfes, und sein unterkühlter Charme mischt sich mit einer leichten Neigung zur Melancholie.

WENN SIE MIT STEINBOCK/SATURN-THEMEN ZU TUN HABEN, IST ES WICHTIG, SICH VOR SEELISCHEN UND KÖRPERLICHEN VERHÄRTUNGEN ZU HÜTEN, ANDERE VERSTEHEN ZU LERNEN UND AUF DIE STIMME DER SEELE ZU HÖREN!

Wenn Sie mit Steinbock/Saturn-Themen zu tun haben, ist es wichtig, sich vor seelischen und körperlichen Verhärtungen zu hüten, andere verstehen zu lernen und auf die Stimme der Seele zu hören!

Gesundheitlich werden Steinbock/Saturn zugeordnet:

Gelenkrheuma, Gicht, Skelett- und Wirbelsäulenschwierigkeiten (Rückgrat-Verkrümmung), Bandscheibenvorfall, Defekte des Kniegelenks, Störungen des Gleichgewichtssinns, Steinbildung, Hauterkrankungen (trockene Hauterkrankungen, wie z. B. Schuppenflechte, Ekzeme, Verhornungen, Warzen – sonst siehe Waage), Haarprobleme; alle Krankheiten, die chronisch werden, sind Steinbock-Themen.

Der Mond im *Steinbock*

- ● Neumond im Schützen
- ☾ Abnehmender Mond von Januar bis Juli
- ☽ Zunehmender Mond von Juli bis Januar
- ◡ Qualität aufsteigend
- ♑ Steinbocktage sind Wurzel- und Kältetage
- ♋ Krebs ist das gegenüberliegende Zeichen

Gesundheit und Schönheit

Operationen an Wirbelsäule, Skelett und Kniegelenken sollten im abnehmenden Steinbockmond von Januar bis Juni durchgeführt werden, allerdings nicht an den Steinbocktagen selbst.

Warzen, die dem Zeichen Steinbock unterstehen, werden bei abnehmendem Mond entfernt. Sie beginnen nach Vollmond die Behandlung (entweder mit einer Tinktur vom Hautarzt oder aber mit frischem Schöllkrautsaft) und streichen die Warze täglich ein. Bei Neumond beenden Sie die Behandlung und nehmen sie gegebenenfalls nach dem nächsten Vollmond wieder auf. Wie gesagt, der abnehmende Mond steht bis Juli im Steinbock, was für das Behandlungsergebnis recht günstig ist. Wenn eine Warze herausoperiert werden muss – oder auch wenn Sie Hornhaut mit einem Messer entfernen – dann sollten Sie nicht den Steinbocktag wählen!

AN STEINBOCKTAGEN IST DIE GELEGENHEIT GÜNSTIG, IHRER HAUT ETWAS GUTES ZU TUN.

An Steinbocktagen sollten Sie alle anderen Hautreparaturen vornehmen, da der Steinbock sozusagen außerordentlich »trocken« und die Entzündungsgefahr nicht so groß ist. Also ist dieser Tag bestens geeignet, sich bei der Kosmetikerin anzumelden. Eine Bürstenmassage tut an einem Steinbocktag Ihrer Haut besonders gut, die Haut wird gut entschuppt und seidig glatt. Maßnahmen zur Hauternährung hingegen schlagen bei zunehmendem Steinbock besser an.

Gesichts-, Achsel- und Beinhaare entfernt man am besten an den Steinbocktagen, sie wachsen dann nicht so schnell nach. Wenn Sie Gesichtshärchen nachhaltig loswerden möchten, sollten Sie ihnen mit der Pinzette (!) zu Leibe rücken und vor allem die Steinbock-Termine in der ersten Jahreshälfte ab Januar konsequent wahrnehmen.

An Steinbocktagen lässt sich gut alles bekämpfen, was chronisch ist. Wenn es Maßnahmen sind, bei denen dem Körper etwas zugeführt werden soll, eignet sich allerdings die zweite Jahreshälfte besser, weil dann der Steinbock im zunehmenden Mond ist. Für alles, was mit Entschlackung (beispielsweise bei beginnenden Steinbildungen) zu tun hat, ist die Zeit günstig.

AN STEINBOCKTAGEN WIRD IHNEN IHR SKELETT FÜR EINE WIRBELSÄULENGYMNASTIK GANZ BESONDERS DANKBAR SEIN.

An Steinbocktagen sollte man bei entsprechender Disposition Menisken und Knochen nicht übermäßig belasten, andererseits dankt Ihnen Ihr »Gestell« eine nicht zu anstrengende Wirbelsäulengymnastik ganz besonders.

Der Mond im Haushalt

Wenn es Ihnen möglich war, einen richtig geschlagenen Weihnachtsbaum zu erwerben (siehe November), dann müssen Sie ihn auch nach seiner Pflichterfüllung nicht wegwerfen. Stellen Sie ihn noch im Garten oder auf dem Balkon auf, und machen Sie eine Futterstelle für die Vögel daraus – auch wenn es ein bisschen Arbeit bedeutet. Wenn Sie Kleider chemisch reinigen lassen: nicht an Steinbocktagen, wegen des Glanzes auf den Kleidungsstücken!

So stellen Sie Ihren Garten auf biologischen Anbau um
(Fortsetzung von Seite 121)

5. Zeigt das Ergebnis der Bodenanalyse, dass der Säuregrad im Boden nicht optimal ist, muss der pH-Wert neu eingestellt werden. Reagiert der Boden schwach sauer, ist eine Behandlung mit Algenkalk oder Thomasmehl angebracht. Bei stärkerer Bodenversäuerung wird kohlensaurer Kalk angewendet. Fehlt es an Magnesium, wird Dolomitkalk empfohlen. Es ist günstiger, die empfohlene Kalkmenge über einen Zeitraum von zwei bis drei Jahren verteilt zu geben, als sie auf einmal auszubringen.
6. Verbesserung der Nährstoffversorgung des Bodens: Fehlen Mineralstoffe, ist das Ausstreuen von Steinmehl angebracht. Im späten Herbst sollte der Gartenboden mit Laub abgedeckt werden, damit eine Flächenkompostierung in Gang gesetzt wird.
7. Im Frühjahr wird dann eine Gründüngung gesät – am besten eine Mischung aus Leguminosen, die tief wurzeln. Dadurch werden nicht nur reichlich Nährstoffe eingebracht, auch der Boden wird gelockert.
8. Legen Sie ein Hoch- oder Hügelbeet an, damit Sie auch während der Umstellungsphase Ihr frisches Gemüse ernten können.
9. Bereiten Sie einen ausreichend großen Kompostplatz vor, der Ihren biologischen Garten künftig mit Nahrung versorgen kann.
10. Machen Sie einen biologischen Anbauplan. Berücksichtigen Sie dabei aber, dass die Umstellung Zeit braucht und Bodenverhältnisse sich nur nach und nach auf die neuen Bedingungen einstellen. Haben Sie also etwas Geduld, wenn sich die gewünschten Ergebnisse nicht sofort einstellen.

FORTSETZUNG VON SEITE 121.
SO BEREITEN SIE DIE UMSTELLUNG IHRES GARTENS AUF DEN BIOLOGISCHEN ANBAU VOR.

Tiere als Wetterzeichen

BAUERNREGEL:
MORGENS LAUTER
FINKENSCHLAG
KÜNDET REGEN
FÜR DEN TAG.

Reißt die Spinne ihr Netz entzwei,
kommt der Regen bald herbei.

Ist die Spinne zu träg zum Fangen,
Gewitter bald am Himmel hangen.

Wenn im Herbst die Spinnen kriechen,
sie einen kalten Winter riechen.

Wenn die Schwalben niedrig fliegen,
werden wir Regenwetter kriegen.

Fliegen die Schwalben in den Höh'n,
kommt ein Wetter, das ist schön.

Kräht der Hahn auf dem Mist,
ändert sich das Wetter;
kräht er auf dem Hühnerhaus,
hält das Wetter die Woche aus.

Wenn die Möwen zum Land hinfliegen,
werden wir Sturmwetter kriegen.

Wenn die Fische im Wasser springen,
kommt Regenwetter.

Kommen aus dem Norden die Vögel an,
will die Kälte uns schon nah'n.

Ziehen die wilden Gänse und Enten fort,
ist der Winter bald am Ort.

BESONDERS VÖGEL ALS BEWOHNER DES HIMMELS SPIELEN VON ALTERS HER EINE GROSSE ROLLE BEI VORHERSAGEN.

Wenn der Hahn zu unterschiedlichen Zeiten
kräht, ändert sich bald das Wetter.

Früher Vogelsang macht den Winter lang.
Kommt die wilde Ente, hat der Winter
bald ein Ende.

Wenn die Gänse stehen auf einem Fuß,
dann kommt bald ein Regenguss.

Februar

ALTE NAMEN FÜR DEN FEBRUAR SIND: FEBRUARIS, HORNUNG, NARRENMOND.

Sankt Blasius (3.) stösst
dem Winter die Hörner ab

An Sankt Valentein (14.)
frierts Rad mitsamt der Mühle ein

Wenn's im Februar nicht schneit,
schneit es in der Osterzeit.
Februar mit Frost und Wind
macht die Ostertage lind

Im Februar müssen die Stürme fackeln,
dass den Ochsen die Hörner wackeln

Spielen die Mücken im Februar,
friert die Biene das ganze Jahr

Das Wetter

NACH DEM 100-JÄHRIGEN KALENDER

♄ **Saturnjahr:** Viel Schnee, Hagel, strenger Frost und Wind machen Mensch und Vieh den ganzen Monat lang schwer zu schaffen.

♃ **Jupiterjahr:** Durchwachsen; erst trüb mit Regen, Nebel und Wind, dann kalt und gefroren; im letzten Drittel morgens kalt und gefroren, nachmittags lieblich. Der Monatsausklang ist allerdings rau und kalt.

♂ **Marsjahr:** In der ersten Woche trüb und regnerisch, in der zweiten schönes Wetter, in der dritten Schnee und in der vierten Woche wieder kalt.

☉ **Sonnenjahr:** Bis zur Mitte des Monats schönes Wetter, danach sehr, sehr kalt.

♀ **Venusjahr:** Sehr kalt, ab Mitte des Monats feuchtes Wetter, Regengüsse.

☿ **Merkurjahr:** In der ersten Hälfte etwas milder als der Januar, ab Mitte des Monats wieder Schnee, Wind und Kälte.

☽ **Mondjahr:** Immer wieder Schnee und Regen bis Monatsmitte. Danach wieder milderes Wetter mit schönen Tagen.

IST DER FEBRUAR SEHR LAU, KEIMT DIE SAAT ZU FRÜH AUF UND MACHT DIE ARBEIT DES LETZTEN HERBSTES ZUNICHTE.

SONNENZEICHEN

Wassermann

21. JANUAR BIS 19. FEBRUAR
ELEMENT: LUFT
HERRSCHER: URANOS ♅
GEGENÜBERLIEGENDES ZEICHEN: LÖWE ♌
(MIT SONNE ☉ ALS HERRSCHER)
MYTHOLOGIE: GRIECH. URANOS, RÖM. URANUS

Hesiod sagt: Am Anfang aller Dinge war Chaos. Diesem Chaos entsprang die erste Göttin: Gaia (Erde). Sie ist die Gemahlin des Uranos (Himmel), ihres Sohnes, den sie entweder ohne Mithilfe hervorgebracht hat oder der von Äther (der Atmosphäre) gezeugt worden ist. Uranos und Gaia, Himmel und Erde, sind das urerste Paar. Zu dem schöpferischen Prinzip, das Uranos verkörpert, würde es gut passen, dass er keinen Vater hat, sondern dass er möglicherweise sein eigener Schöpfer ist. Uranos ist denn auch der Vater einer fast unüberschaubaren Kinderschar, darunter recht merkwürdige Gestalten wie die Kyklopen (einäugige Riesen), aber auch das Geschlecht der Titanen, die nach Uranos den Olymp bevölkern sollten. Die Kyklopen zetteln bald einen Aufstand gegen ihren Vater um die Herrschaft an, aber Uranos wirft sie kurzerhand in den Tartaros (Hölle). Seine Frau Gaia kann dann den jüngsten Titanen-Sohn dazu überreden, seinen Vater zu überwältigen.

URANOS IST DER VATER EINER FAST UNÜBERSEHBAREN KINDERSCHAR, DARUNTER RECHT MERKWÜRDIGE GESTALTEN WIE DIE KYKLOPEN, ABER AUCH DIE TITANEN, DIE NACH URANOS DEN OLYMP BEVÖLKERN SOLLTEN.

Bekannterweise entmannt Kronos (Saturn) seinen Vater und schleudert das abgetrennte Glied ins Meer. Selbst am Ende von Uranos' Leben steht das schöpferische Prinzip, denn aus dem Schaum, der sich aus dem Glied bildet, entsteht die Liebesgöttin Aphrodite. Uranos ist der plötzliche, intuitive Anfang des Lebens, noch bevor es eine »Ordnung« gibt. Er ist nicht gebunden an Zeit und Raum. Da Uranos für den Ursprung steht, ist auch das Originale bzw. Originelle ihm zugeordnet.

Astrologische Entsprechung

Uranus steht in der Astrologie für den ursprünglichen schöpferischen Akt. Übersetzt heißt das, er steht für Geistesblitze, intuitive Einfälle, originelle Ideen, auch Überraschungen; aber auch für Freiheit, vor allem geistige, und Unabhängigkeit. Einen Uranus-Impuls erkennt man an seiner Plötzlichkeit. Für Menschen mit der Sonne im Wassermann oder einer starken Uranusbetonung ist diese Freiheit ein wichtiges Thema, sie ertragen keine Einengung.

FÜR MENSCHEN MIT DER SONNE IM WASSERMANN ODER EINER STARKEN URANUS-BETONUNG IST DIE FREIHEIT EIN WICHTIGES THEMA, SIE ERTRAGEN KEINE EINENGUNG.

Das kann quasi bei Ringen und Krawatten beginnen und bei Gesellschaftssystemen aufhören. Nicht umsonst nennt man den Wassermann auch Revolutionär. Wassermänner lehnen sich auf gegen Normen, Vorschriften, Zwänge und Erwartungen. Aber so wie Kronos, der Sohn, sich von seinem Vater Uranos keineswegs gelöst hat, indem er ihn bekämpfte, so hat sich ein Mensch von Zwängen jedweder Art auch nicht gelöst, indem er sie dauernd bekämpft. Es ist illusorisch, gegen Mauern zu laufen und diese Mauern dann zu hassen. Erst wenn man innerlich wirklich bereit ist, alte Normen aufzugeben, kann man geistig frei und unabhängig werden.

Frei zu sein bedeutet, sich nicht dauernd befreien zu müssen. Die verschiedenen Spielarten des »ständigen Befreiens« sind so unzählig wie die Einfälle eines Wassermanns: Entweder schüttet ein eifriger Wassermann das Kind mit dem Bade aus und revoltiert selbst gegen sinnvolle Ordnung und Strukturen, ohne die das Leben ins Chaos zurückversinkt; oder er kauft sich ein Flugzeug, um wenigstens die grenzenlose Weite des Himmels über sich zu haben. Auch Seitensprünge sind in diesem Zeichen gern zu finden. Oder er bekommt einen Nervenzusammenbruch: Hier droht das Bedürfnis nach Befreiung durchzubrechen, aber weil der Mensch sich nicht gestattet, dem Bedürfnis nachzugeben, weicht er aus auf das ersatzweise Ausbrechen und »dreht durch«. Eine ganz beliebte Spielart der wassermännischen Befreiungsversuche ist ein etwas ungewöhnliches Benehmen, bis hin zum exzentrischen Wesen. Allerdings macht dieses Wesen auch einen Teil ihres Charmes aus. Wassermänner sind fast immer sehr lebhafte Menschen mit einer manchmal ins clowneske gehenden Natur, sie sind quasi die Paradiesvögel, deren Exotik von anderen ausgiebig bestaunt wird. Aber nicht nur deswegen sucht man ihre Gesellschaft, sondern auch wegen ihrer Kommunikationsfreudigkeit und ihres meist ausgeprägten Gefühls für Gleichberechtigung. Ihre Betätigung insgesamt ist mehr geistiger als körperlicher Natur.

EIN WASSERMANN LÄSST SEINEN GEFÜHLEN NICHT UNBEDINGT FREIEN LAUF UND BEHÄLT SPEZIELL KUMMER UND ÄNGSTE GERNE FÜR SICH.

Gefühl und Verstand: Was vielleicht wie Hochnäsigkeit aussehen könnte, ist ihr Anspruch auf eine gewisse intellektuelle Ebene. Verstärkt wird dieser Eindruck vielleicht dadurch, dass das Mitgefühl eines Wassermanns unpersönlicher Natur, sozusagen »überpersönlich« ist. Auch lässt er seinen Gefühlen nicht unbedingt freien Lauf und behält speziell Kummer und Ängste gerne für sich. Wenn Ihnen diese Wassermann/Uranus-Themen etwas sagen, sollten Sie unbedingt für Stressabbau sorgen, da Ihr Leben ohnehin in einem gewissen Spannungszustand und einer gewissen Unruhe stattfindet.

Gesundheitlich werden Wassermann/Uranus zugeordnet:

Hypermotorik, Nervosität, nervöser Tic, Nervenleiden; Erkrankungen in Schüben oder häufige Unfälle; Stressanfälligkeit; Wadenkrämpfe, Krampfadern, Venenentzündungen, Umknicken im Knöchel, Knochenbrüche.

Der Mond im
Wassermann

- ● Neumond im Wassermann
- ☾ Abnehmender Mond von Februar bis August
- ☽ Zunehmender Mond von August bis Februar
- ◡ Qualität aufsteigend
- ♒ Wassermanntage sind Blüten-, Luft- und Lichttage
- ♌ Löwe ist das gegenüberliegende Zeichen

Gesundheit und Schönheit

Ab Februar, wenn der Wassermann im abnehmenden Mond steht, ist eine günstige Zeit, um Krampfadern entfernen zu lassen. Der Wassermanntag selbst ist aber keinesfalls ein geeigneter Termin.

An Wassermanntagen ist die beste Gelegenheit für Kneipp'sche Güsse gegen das lästige Anschwellen der Beine nach langem Stehen und Gehen. Wenn Ihre Beine generell empfindlich auf langes Stehen oder anhaltendes Gehen reagieren, sollten Sie sie nicht gerade an einem Wassermanntag zu sehr strapazieren, es könnte sich unangenehm bemerkbar machen.

Viele Menschen leiden gerade an Wassermanntagen unter besonders starker Stressbelastung. Alle, die das betrifft, sollten dann darauf achten, dass sie nicht unnötig in Spannungszustände geraten. Manchmal ist es möglich, zu erwartendem Stress aus dem Weg zu gehen.

AN WASSERMANNTAGEN IST ES BESSER, STRESS MÖGLICHST AUS DEM WEG ZU GEHEN.

Der Mond im Haushalt

Ab Februar kann man den abnehmenden Wassermannmond gut für anstehende Hausarbeit nutzen. Auf den nachfolgenden Fischemond legen Sie dann den Waschtag.

Balkon und Garten

Wenn der Februar sehr lau ist, keimt die Saat zu früh auf, und nachfolgende Fröste machen die Arbeit des letzten Herbstes zunichte. Wetter beobachten und Planen zum Abdecken bereithalten!

Jetzt kann man den Komposthaufen ein zweites Mal umsetzen. Das erste Mal erfolgt im Dezember, dazwischen sollen ungefähr sechs Wochen liegen.

DER BESTE ZEITPUNKT ZUM ANSETZEN EINES KOMPOSTHAUFENS IST EIN STIER-, JUNGFRAU- ODER STEINBOCKTAG BEI ABNEHMENDEM MOND.

Angelegt wird ein Komposthaufen in einem Winkel des Gartens, der immer schattig ist. Unter einem großen Baum oder großen Büschen etwa setzt man in der gewünschten Größe einen Rahmen aus Holz. Als natürliche Abgrenzung könnten Sie kleinere fruchttragende Büsche pflanzen (Himbeeren, Stachelbeeren, Johannisbeeren etc.), die zusätzlich Schatten spenden.

Der beste Zeitpunkt zum Anlegen ist ein Stier-, Jungfrau- oder Steinbocktag bei abnehmendem Mond. Auf den Komposthaufen kommt alles, was an organischen Stoffen anfällt: welke Pflanzen, Laub, gemähtes Gras (leicht angewelkt), gehäckselte Zweige, Obst- und Gemüsereste, Kartoffelschalen, Südfrüchte-Schalen, Kaffeesatz, Teebeutel, Mist von Kleintieren. Nicht auf den Kompost sollen verdorbene Speisereste, Papier und Unkraut, das seinen Samen ausstreuen kann, ebenso keine kranken oder befallenen Pflanzen. Der Haufen wird schichtweise angelegt; auf jede ungefähr 25 Zentimeter hohe Schicht kommen ein paar Schaufeln Erde oder – wenn keine vorhanden ist – Zweige für die nötige Luftzufuhr.

Man kann die Zersetzung durch dazwischen gestreuten Kompostbeschleuniger vorantreiben.

Blüten, Blumen, Kräuter

- An Blütentagen säen, pflanzen, ernten, sammeln (Wassermann, Zwilling, Waage)
- Bei zunehmendem Mond bis Vollmond oder aufsteigendem Mond (Schütze bis Zwilling)
- Ernte bei zunehmendem Mond bis Vollmond für den sofortigen Gebrauch
- Ernte bei abnehmendem Mond bis Neumond, wenn es getrocknet werden soll
- Immer bei Sonnenschein oder freundlichem Wetter ernten, am besten gegen oder zu Mittag.

Blütentage eignen sich besonders gut zum Säen, Pflanzen, Ernten und Sammeln.

Bei Heilkräutern:

- Man erntet sie am besten im Frühling und Sommer, nicht, wenn sie schon sehr lange blühen.

Säen und pflanzen im Februar

Anzucht in Aussaatschalen am Zimmerfenster: Sommerblumen, Tomaten und Paprika, im Frühbeet Brokkoli und Blumenkohl, Sellerie und Kohlrabi.

Auch im Winter entwickelt sich die Natur – nur eben unter der Erde und darum nicht sichtbar.

Heilkräuter

Bei Appetitlosigkeit
Bibernelle, Isländisch Moos,
Meisterwurz, Wermut

Gegen Arterienverkalkung
Knoblauch

Bei hohem Blutdruck
Knoblauch, Mistel, Weißdorn

Gegen Darminfektionen
Kamille, Knoblauch,
Pfefferminze, Thymian

Bei Darmkoliken
Fenchel, Gänsefingerkraut,
Kamille, Pfefferminze

Bei Gallenblasenbeschwerden
Lavendel, Löwenzahn,
Pfefferminze, Rettich

Gegen Grippe
Hagebutte, Lindenblüte,
Schwarzer Holunder

Bei Halsschmerzen
Bibernelle, Eibisch, Himbeere,
Huflattich, Salbei

Gegen Hautausschlag
Brennnessel, Kamille,
Schachtelhalm

GEGEN CHRONISCHEN HUSTEN HILFT BEISPIELSWEISE SCHACHTELHALMTEE.

GEGEN KOPFSCHMERZEN HILFT TEE AUS DEN BLÜTEN ODER FRÜCHTEN DES SCHWARZEN HOLUNDERS.

Bei Heiserkeit
Eibisch, Himbeere,
Isländisch Moos

Bei Herzbeschwerden
Rosmarin, Weißdorn

Bei Magenbeschwerden
Isländisch Moos, Kamille,
Pfefferminze, Eibisch

Gegen Nervosität
Baldrian, Fenchel, Hopfen,
Lavendel, Melisse

Bei Verdauungsstörungen
Kamille, Pfefferminze, Wermut

März

ALTE NAMEN FÜR DEN MÄRZ SIND: MARTIUS, LENZING, FRÜHLINGSMOND.

LÄSST DER MÄRZ SICH TROCKEN AN,
BRINGT ER BROT FÜR JEDERMANN

MÄRZENGRÜN
IST BALD WIEDER HIN

WAS DER MÄRZ NICHT WILL,
HOLT SICH DER APRIL.
WAS DER APRIL NICHT MAG,
STECKT DER MAI IN DEN SACK

WIE DER 29. MÄRZ, SO IST DER FRÜHLING;
WIE DER 30., SO DER SOMMER,
WIE DER 31., SO DER HERBST

DER MÄRZ SOLL WIE EIN WOLF KOMMEN
UND WIE EIN LAMM GEHEN

Das Wetter

NACH DEM 100-JÄHRIGEN KALENDER

Am 21. März, zur Tagundnachtgleiche im Frühling, beginnt immer das neue astrologische Jahr. Ab dann gilt also die Jahreszahl, die Sie auf dem amtlichen Kalender schon seit dem 1. Januar finden. Bis zum 20. März nehmen Sie die Jahreszahl des Vorjahres.

AM 21. MÄRZ, ZUR TAGUNDNACHTGLEICHE IM FRÜHLING, BEGINNT DAS NEUE ASTROLOGISCHE JAHR. ANHAND DER GÜLTIGEN JAHRESZAHL KÖNNEN SIE DANN AUCH DEN JAHRESHERRSCHER FESTSTELLEN, DER JETZT SEINE REGENTSCHAFT ANTRITT.

♄ Saturnjahr: Der März ist trocken und kalt.

♃ Jupiterjahr: In der ersten Woche kalt und windig mit rauer Luft, danach ziemlich kalt. Nach einer kurzen Wind-Schnee-Regen-Attacke ist es im letzten Monatsdrittel zwar hell, aber recht kalt.

♂ Marsjahr: Regen und Schnee wechseln sich ab. Gegen Ende friert es, die Tage sind klar.

☉ Sonnenjahr: Immer noch kalt, Schnee und Regen wechseln sich ab. Im letzten Drittel ein paar schöne Tage, dann wieder Regen.

♀ Venusjahr: Der März bringt Wärme und Regen.

☿ Merkurjahr: Etwas milderer Monatsbeginn, bald aber wieder sehr kalt bis Monatsende. Märzstürme gegen Ende des Monats.

☽ Mondjahr: Rau und windig, kalt und regnerisch. In der Monatsmitte ein paar schöne Tage.

Sonnenzeichen
Fische

20. Februar bis 20. März
Element: Wasser
Herrscher: Neptun ♆
Gegenüberliegendes Zeichen: Jungfrau ♍
(mit Merkur ☿ als Herrscher)
Mythologie: griech. Poseidon, röm. Neptun

Poseidon sorgt ständig für Verwirrung, weil er scheinbar fest gefügte Ordnungen durcheinander bringt.

Poseidon ist jener der drei göttlichen Brüder, dem das Meer zufällt, als die drei um die Verteilung der Herrschaftsbereiche würfeln. Ganz zufrieden ist er damit nicht, muss sich aber fügen. Immer wieder versucht er dennoch, auch an Land Fuß zu fassen, aber wenn es ihm auch nicht gelingt, so sorgt er doch für Verwirrung, indem er ständig fest gefügte Ordnungen durcheinander bringt. Denn er kämpft meist nicht mit fairen Mitteln, nutzt die Schwachstellen seiner Gegner, um Fronten aufzuweichen, kämpft aus dem Hintergrund, und wenn es brenzlig wird, taucht er ab ins Meer. Von dort aus schmiedet er weiter seine Ränke und macht dabei ausgiebig von seiner üppigen Phantasie Gebrauch. Ebenso viel Phantasie entwickelt Poseidon, wenn es darum geht, eine Geliebte für sich zu gewinnen. Aufgrund seines Äußeren entscheidet sich aber offenbar keine Göttin oder Nymphe für ihn, also tritt er ihnen in anderen Gestalten entgegen.

An den Irrfahrten des Odysseus wird Poseidons Wesen noch einmal deutlich: Zwar hat Odysseus aus verschiedenen Gründen auch mit anderen Göttern seine Schwierigkeiten, aber Poseidon und seine Symbolik sind doch am stärksten vertreten, immerhin segelt Odysseus über das Meer. Die Gefahren, die auf Odysseus und seine Mannschaft lauern, haben entweder mit dem Meer selbst oder mit Umständen zu tun, die Poseidon (Neptun) zugeschrieben sind: von Gift über Trugbilder durch Rausch und Drogen bis hin zur süchtigen Zuneigung.

Astrologische Entsprechung

Wenn man die Mythologie überträgt, so hat Odysseus die Gefahren des Unbewussten durchlebt und überstanden. Denn in Poseidon bzw. Neptun haben wir es mit den dunklen Kräften des Unbewussten, Unterbewussten zu tun. Sich diese anzusehen, darin sind sich alle Sterblichen einig, ist wohl der schwierigste Teil eines menschlichen Entwicklungsweges.

IN POSEIDON BZW. NEPTUN HABEN WIR ES MIT DEN DUNKLEN KRÄFTEN DES UNBEWUSSTEN, UNTERBEWUSSTEN ZU TUN.

Jeder hat einen Neptun in seinem Horoskop, und jeder hat ein Fischehaus, um das er sich kümmern sollte. Da es sich aber wie gesagt um das Unbewusste bzw. Unterbewusstsein handelt, ist es natürlich viel schwerer aufzuspüren als »konkrete« Planeten.

Schicksal und Bestimmung: Viele Menschen haben Angst vor ihrem Schicksal. Ganz grob verallgemeinert könnte man aber sagen, dass das Schicksal in irgendeiner Form ein Spiegel des eigenen Lebens ist. Angst entsteht dadurch, dass vieles verdrängt worden ist, was eigentlich gelebt werden sollte. Vielen Menschen ist überhaupt nicht klar, dass sie einen großen Teil ihrer Anlagen nicht oder nicht bewusst leben; sie wissen nicht oder nur wenig darüber, was sich in ihrer Seele abspielt. So bekämpfen sie oft ihr Leben lang irgendwelche Symptome und machen Gott und die Welt für irgendetwas verantwortlich – bloß nicht sich selbst. Sie haben es verdrängt. Aber alles, was man nicht zur Kenntnis nimmt und ganz fest aussperrt, kommt irgendwann zu einer anderen Tür wieder herein. Als »Schicksal«, als Krankheit, man lebt mit Lügen, Heimlichkeiten und Täuschungen, man hat diffuse Ängste oder Phobien, man ist auf der Flucht. Das klingt dramatisch, ist es aber nicht, denn flüchten kann man in unserer Gesellschaft auf ganz anerkannte Weise: in Arbeit, in Alkohol, in die Scheinwelt des Kinos und Fernsehens (nicht einmal die Akteure dürfen ein wirkliches Leben führen!).

Oder man träumt einfach, gibt sich einer Illusion hin; manche träumen Woche für Woche vom Lottogewinn, vom Leben im Paradies, warten auf ein Wunder – und allen diesen Hoffnungen auf Erlösung ist gemeinsam, dass man passiv darauf warten darf und nichts tun muss. Man darf getrost in seiner Rolle als Hilfloser bleiben (»Ja, wenn die Umstände anders wären, dann ...«). Dies alles sind Selbstbetäubungen, um die Wahrheit nicht sehen zu müssen.

MENSCHEN, DIE EINE STARKE NEPTUNBETONUNG IM HOROSKOP ODER DAS SONNENZEICHEN FISCHE HABEN, SIND HOCHSENSIBEL.

Gefühl und Verstand: Menschen, die nun eine starke Neptunbetonung im Horoskop oder das Sonnenzeichen Fische haben, sind hochsensibel. Seismographisch registrieren sie Gedanken und Empfindungen anderer Menschen. Das ist wohl das Lebensmuster eines Fischetyps, mit dem er sich abfinden muss. Er ist nun mal kein robuster Widder oder ein brüllender Löwe, sondern er macht sich Gedanken um Dinge, Umstände, Zustände und Gegebenheiten, die ein anderer überhaupt nicht bemerkt. Und nun hängt es vom Auge des Betrachters ab: Ist der andere zu unsensibel oder der Fischemensch zu sensibel ...

EIN FISCHETYP MUSS UNBEDINGT SEINEN EIGENEN LEBENS- UND ARBEITSRHYTHMUS FINDEN, SONST IST ER VERLOREN, BZW. FÜHLT ER SICH VERLOREN.

Ein Fischetyp muss unbedingt seinen eigenen Lebens- und Arbeitsrhythmus finden, sonst ist er verloren, beziehungsweise fühlt er sich verloren. Wie soll er irgendwelchen fremden Vorstellungen entsprechen, wenn er zwar guten Willens ist, aber Verschiedenes einfach nicht so kann wie andere? Klare, knappe, schnelle Entscheidungen zu treffen ist nun einmal wirklich nicht seine Domäne. Und sein freundliches Verhalten, seine Art, die Dinge laufen zu lassen, seine Abneigung gegen Auseinandersetzungen können knallharte Geschäftsnaturen zur Verzweiflung bringen.

Wenn ein Fischetyp gelernt hat, sich geradlinig und nicht indirekt durchzusetzen, heimliche Ränkespiele zu lassen, so hat er schon viel gewonnen. Er ist dann nicht mehr der Auslöser von verworrenen Situationen und Unklarheiten, die im »normalen« Leben ziemlich hinderlich sein können.

Kunst und Phantasie: Einen Fischemenschen zeichnen sein künstlerischer Ausdruck, seine lebhafte Phantasie und sein nicht zuletzt genau durch diese Phantasie gefördertes Mitgefühl aus. Fischemenschen sind imstande, ihren märchenhaften Glanz bis in die kleinste Hütte zu tragen und in der Einheit mit dem Kosmos zu leben (was andere oft nur schwer bis gar nicht nachvollziehen können), und sie haben ein Ahnungsvermögen, das an Hellsichtigkeit grenzt.

Hingabe und Innigkeit: Die Hingabe und Innigkeit eines Fischemenschen ist nahezu grenzenlos, wenn er entweder liebt oder mitleidet. Es ist ihm wirklich zu wünschen, dass ihm eine gütige Fee bei der Verteilung der Eigenschaften anlässlich seiner Geburt wenigstens einen Schuss Egoismus zukommen hat lassen. Sonst könnte es passieren, dass ein überforderter Fisch zum Fatalisten wird, und genau das sollte er nicht. Er sollte sein Schicksal beherzt in beide Hände nehmen ...

Wenn Sie mit den Fische/Neptun-Themen zu tun haben, sollten Sie sich vornehmen, nicht gegen den Instinkt zu handeln, nicht zu viel auf andere zu hören. Sie müssen lernen, einsam zu sein und dem Unbekannten ruhig entgegenzusehen. Ein gewisses »Gottvertrauen« schadet Ihnen nicht.

WENN SIE MIT DEN FISCHE/NEPTUN-THEMEN ZU TUN HABEN, SOLLTEN SIE SICH VORNEHMEN, NICHT IMMER GEGEN IHREN INSTINKT ZU HANDELN, NICHT ZU VIEL AUF ANDERE ZU HÖREN.

Gesundheitlich wird Fische/Neptun zugeordnet:

Überempfindlichkeit in verschiedenen Organbereichen; Drüsenstörungen; Suchtschädigungen, Vergiftungen, Eiterungen; schleichende Krankheitsprozesse; Neurosen; Phlegma; Senkfuß und andere Fußleiden, Geh- und Stehbeschwerden, Fußschweiß, Fußpilz.

Der Mond in den *Fischen*

- ● Neumond in Fische
- ☾ Abnehmender Mond von März bis September
- ☽ Zunehmender Mond von September bis März
- ◡ Qualität aufsteigend
- ♓ Fischetage sind Blatt- und Wassertage
- ♍ Jungfrau ist das gegenüberliegende Zeichen

Gesundheit und Schönheit

●✺●
AN FISCHETAGEN DREHT SICH ALLES UM DIE FÜSSE.

Hier dreht sich alles um die Füße: Ob es um Fußbäder geht oder um Fußreflexzonenmassage, Ihr Körper wird es Ihnen danken. Auch die meist hinter vorgehaltener Hand behandelten Problemthemen Fußpilz und Fußschweiß könnten heute angegangen werden. Eine länger dauernde Pilzbehandlung wird am besten bei abnehmendem Mond vorgenommen.

Solange der abnehmende Mond in den Fischen ist, sollten Hühneraugen herausoperiert werden, allerdings, – wie wir bereits wissen – nicht an einem Fischetag direkt.

An Fischetagen werden Sie es merken, wenn Sie Ihre Füße sehr strapazieren, vor allem, wenn Sie ohnehin zum Senkfuß oder zu einem anderen Fußleiden neigen. Also: Den Stadtbummel auf den nächsten Tag verlegen!

Ein anderes Fischethema sind die Süchte. Erinnern Sie sich? Am Anfang des Buches haben Sie den Satz gelesen, dass alles zu Buche schlägt, was man dem Körper an dem Tag zuführt, an dem der Mond das zuständige Zeichen quert. So ist es auch mit der Zuführung von Alkohol, Nikotin und Drogen. Ich denke, jeder weitere Kommentar besonders zu den letztgenannten Stoffen ist überflüssig.

Der Märzneumond, wenn die Sonne von den Fischen zum Widder wechselt, ist ein Kopfschmerztag, besonders, wenn man ohnehin anfällig ist dafür. Vielleicht sollte man nicht gerade das wichtigste Gespräch seines Lebens auf diesen Tag legen.

DER MÄRZNEUMOND, WENN DIE SONNE VON DEN FISCHEN ZUM WIDDER WECHSELT, IST EIN KOPFSCHMERZTAG.

Ab September nimmt der Mond in den Fischen zu. Nervenstärkende Mittel können jetzt mit noch besserem Erfolg zum Einsatz kommen als beim abnehmenden Fischemond.

Der Mond im Haushalt

Es beginnt die Zeit der traditionellen Fastenzeit. Natürlich eignet sich der März genauso gut wie jeder andere Monat, wenn das Fasten in der abnehmenden Mondphase liegt. Es gibt sozusagen »Highlights« unter den Fastenzeiten, aber die sind an anderer Stelle besprochen. Denn bei dieser Fastenzeit geht es nicht unbedingt um Gewichtsabnahme und Entschlackung in Reinkultur, sondern um eine Tradition. Und unter Umständen muss man diese für sich neu definieren. Dafür und für andere bewusstseinserweiternde Gedanken ist eine Fastenkur genau das Richtige: Fasten heißt nicht »nichts essen«; es heißt im Grunde »alles eine Zeit lang weglassen, was nicht lebensnotwendig ist«. Damit ist nicht nur das Essen gemeint. Fasten ist eine Begegnung mit sich selbst und seinen Fähigkeiten: Bin ich ein selbstständiger Mensch, der sich (innerlich) frei entscheiden kann, seinen Plan durchzuführen und zu einem Abschluss zu bringen? Lebensfreude und Zufriedenheit wird getestet, die Fähigkeit zur inneren Reinigung, das Durchhaltevermögen, das Vermögen, sich unabhängiger zu machen, bis hin zu der Bereitschaft, darüber nachzudenken, ob unsere Lebensführung der Weisheit letzter Schluss ist. Dass nur wirklich gesunde Menschen fasten sollten, versteht sich wohl von selbst; ein solches Vorhaben muss mit dem Arzt gründlich besprochen werden.

Balkon und Garten

AN FISCHETAGEN DIE PFLANZEN GIESSEN!

Alles, was Sie an Fischetagen von Feld und Garten ernten, ist nicht sehr haltbar. Der Fischetag eignet sich gut zum Gießen.

Blätter und Blattgemüse

- An Blatttagen säen, pflanzen, ernten, sammeln (Krebs, Skorpion, Fische).
- Auch bei zunehmendem Mond bis Vollmond oder aufsteigendem Mond (Schütze bis Zwilling) kann Blattgemüse gepflanzt werden.
- Ausnahme: Blattgemüse, das einen Kopf haben soll (Salat und Kraut), bei abnehmendem Mond.
- Ernten: nie bei Regen und am besten vormittags, wenn kein Tau mehr auf den Blättern ist.
- Für Heilkräuter: Nur junge Blätter (die Pflanzen dürfen nicht blühen) an Blatttagen sammeln.

Säen und pflanzen im März

Pflanzen: Rosen, Staudengewächse, Hecken, Kräuter (Basilikum, Majoran, Minze, Salbei, Thymian, Schnittlauch, Petersilie).

Säen: Gegen Ende des Monats unempfindliche Sommerblumen, Möhren, Rettich, Zwiebeln, Radieschen, Spinat, Erbsen, Kopfsalat, Tomaten und Gewürzkräuter (Dill, Kresse, Kerbel, Bohnenkraut).

Auf dem Balkon können die ersten wetterfesten Blumen gepflanzt werden, die es sozusagen fix und fertig zu kaufen gibt: beispielsweise Stiefmütterchen, Vergissmeinnicht, Primeln, Tausendschön, Hyazinthen, Narzissen und Krokusse.

Die Mondkalender

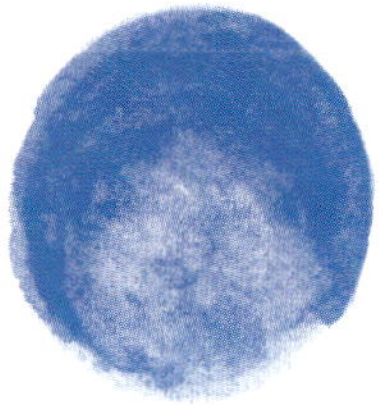

Aus den nachfolgenden Kalenderübersichten können Sie für jeden Tag der Jahre 1999 bis 2004 entnehmen, in welchem Tierkreiszeichen sich der Mond befindet.

So ist z. B. der 3. November 1999 ein Jungfrautag, der 20. Mai 2000 ein Schützetag und der 31. Dezember 2001 ein Krebstag.

SO KÖNNEN SIE IHRE TERMINE MIT DEM MONDSTAND ABSTIMMEN.

DER JAHRES-
HERRSCHER
IST DER MOND.

Mondkalender 1999

Tag	Jan.	Feb.	März	Apr.	Mai	Juni	Juli	Aug.	Sept.	Okt.	Nov.	Dez.
1	♋	♌	♍	♎ ○	♏	♑	♒	♓	♉	♊	♌	♍
2	♋	♍	♍ ○	♎	♐	♑	♒	♈	♊	♋ ☾	♍	♎
3	♌ ○	♍	♍	♏	♐	♑	♓	♈	♊ ☾	♋	♍	♎
4	♌	♎	♎	♏	♐	♒	♓	♉ ☾	♋	♌	♍	♏
5	♌	♎	♎	♐	♑	♒	♓	♉	♋	♌	♎	♏
6	♍	♎	♏	♐	♑	♓	♈ ☾	♊	♋	♍	♎	♏
7	♍	♏	♏	♐	♒	♓ ☾	♈	♊	♌	♍	♏	♐ ●
8	♎	♏ ☾	♏	♑	♒ ☾	♈	♉	♋	♌	♎	♏ ●	♐
9	♎ ☾	♐	♐	♑ ☾	♒	♈	♉	♋	♍	♎ ●	♐	♑
10	♎	♐	♐ ☾	♒	♓	♉	♊	♌	♍ ●	♎	♐	♑
11	♏	♐	♑	♒	♓	♉	♊	♌ ●	♎	♏	♐	♑
12	♏	♑	♑	♓	♈	♊	♋	♍	♎	♏	♑	♒
13	♐	♑	♑	♓	♈	♊ ●	♋ ●	♍	♏	♐	♑	♒
14	♐	♒	♒	♓	♉	♋	♌	♍	♏	♐	♒	♓
15	♐	♒	♒	♈	♉ ●	♋	♌	♎	♏	♐	♒	♓
16	♑	♒ ●	♓	♈ ●	♊	♌	♍	♎	♐	♑	♒ ☽	♓ ☽
17	♑ ●	♓	♓ ●	♉	♊	♌	♍	♏	♐ ☽	♑ ☽	♓	♈
18	♒	♓	♈	♉	♋	♌	♎	♏	♑	♒	♓	♈
19	♒	♈	♈	♊	♋	♍	♎	♏ ☽	♑	♒	♈	♉
20	♓	♈	♉	♊	♌	♍ ☽	♎ ☽	♐	♑	♒	♈	♉
21	♓	♉	♉	♋	♌	♎	♏	♐	♒	♓	♉	♊
22	♈	♉	♊	♋ ☽	♍ ☽	♎	♏	♑	♒	♓	♉	♊ ○
23	♈	♊ ☽	♊	♌	♍	♏	♐	♑	♓	♈	♊ ○	♋
24	♈ ☽	♊	♋ ☽	♌	♍	♏	♐	♒	♓	♈ ○	♊	♋
25	♉	♋	♋	♍	♎	♏	♐	♒	♈ ○	♉	♋	♌
26	♉	♋	♌	♍	♎	♐	♑	♒	♈	♉	♋	♌
27	♊	♌	♌	♎	♏	♐	♑	♓ ○	♉	♊	♌	♍
28	♊	♌	♌	♎	♏	♑ ○	♒ ○	♓	♉	♊	♌	♍
29	♋		♍	♎	♏	♑	♒	♈	♉	♋	♍	♎ ☾
30	♋		♍	♏ ○	♐ ○	♑	♒	♈	♉	♋	♍ ☾	♎
31	♌ ○		♎		♐		♓	♉		♌ ☾		♏

Mondkalender 2000

DER JAHRES-
HERRSCHER
IST SATURN.

Tag	Jan.	Feb.	März	Apr.	Mai	Juni	Juli	Aug.	Sept.	Okt.	Nov.	Dez.
1	♏	♐	♑	♓	♈	♉	♋●	♌	♎	♏	♑	♒
2	♏	♑	♑	♓	♈	♊●	♋	♍	♏	♐	♑	♒
3	♐	♑	♒	♓	♉	♊	♌	♍	♏	♐	♒	♓
4	♐	♒	♒	♈●	♉●	♋	♌	♎	♏	♑	♒☽	♓☽
5	♑	♒●	♓	♈	♊	♋	♍	♎	♐☽	♑☽	♒	♓
6	♑●	♒	♓●	♉	♊	♌	♍	♏	♐	♑	♓	♈
7	♑	♓	♈	♉	♋	♌	♎	♏☽	♑	♒	♓	♈
8	♒	♓	♈	♊	♋	♍	♎☽	♐	♑	♒	♈	♉
9	♒	♈	♈	♊	♌	♍☽	♎	♐	♑	♒	♈	♉
10	♓	♈	♉	♋	♌☽	♎	♏	♐	♒	♓	♈	♊
11	♓	♉	♉	♋☽	♍	♎	♏	♑	♒	♓	♉○	♊○
12	♓	♉	♊	♌	♍	♏	♐	♑	♓	♈	♉	♋
13	♈	♊☽	♊☽	♌	♎	♏	♐	♒	♓○	♈○	♊	♋
14	♈☽	♊	♋	♍	♎	♏	♐	♒	♓	♉	♊	♌
15	♉	♊	♋	♍	♎	♐	♑	♒○	♈	♉	♋	♌
16	♉	♋	♌	♍	♏	♐	♑○	♓	♈	♊	♋	♍
17	♊	♋	♌	♎	♏	♑○	♒	♓	♉	♊	♌	♍
18	♊	♌	♍	♎○	♏○	♑	♒	♈	♉	♋	♌☾	♎☾
19	♋	♌○	♍	♏	♐	♑	♒	♈	♊	♋	♍	♎
20	♋	♍	♎○	♏	♐	♒	♓	♈	♊	♋☾	♍	♎
21	♌○	♍	♎	♐	♑	♒	♓	♉	♋☾	♌	♎	♏
22	♌	♎	♎	♐	♑	♓	♈	♉☾	♋	♌	♎	♏
23	♍	♎	♏	♐	♑	♓	♈	♊	♌	♍	♏	♐
24	♍	♏	♏	♑	♒	♓	♉☾	♊	♌	♍	♏	♐
25	♎	♏	♐	♑	♒	♈☾	♉	♋	♍	♎	♏	♑●
26	♎	♏	♐	♒☾	♓☾	♈	♉	♋	♍	♎	♐●	♑
27	♎	♐☾	♑	♒	♓	♉	♊	♌	♍●	♏●	♐	♑
28	♏☾	♐	♑☾	♒	♓	♉	♊	♌	♎	♏	♑	♒
29	♏	♑	♑	♓	♈	♊	♋	♍●	♎	♐	♑	♒
30	♐		♒	♓	♈	♊	♋	♍	♏	♐	♑	♓
31	♐		♒		♉		♌●	♎		♐		♓

DER JAHRES-
HERRSCHER
IST JUPITER.

Mondkalender 2001

Tag	Jan.	Feb.	März	Apr.	Mai	Juni	Juli	Aug.	Sept.	Okt.	Nov.	Dez.
1	♓	♉ ☽	♉	♋ ☽	♌	♎	♏	♑	♒	♓	♉ ○	♊
2	♈ ☽	♉	♊	♋	♍	♎	♐	♑	♓ ○	♈ ○	♉	♋
3	♈	♊	♊ ☽	♌	♍	♏	♐	♒	♓	♈	♊	♋
4	♉	♊	♋	♌	♎	♏	♐	♒ ○	♓	♉	♊	♋
5	♉	♋	♋	♍	♎	♐	♑ ○	♒	♈	♉	♋	♌
6	♉	♋	♌	♍	♏	♐ ○	♑	♓	♈	♉	♋	♌
7	♊	♌	♌	♎	♏ ○	♑	♒	♓	♉	♊	♌	♍ ☾
8	♊	♌ ○	♍	♎ ○	♏	♑	♒	♈	♉	♊	♌ ☾	♍
9	♋ ○	♍	♍ ○	♏	♐	♑	♒	♈	♊	♋	♌	♎
10	♋	♍	♎	♏	♐	♒	♓	♈	♊ ☾	♋ ☾	♍	♎
11	♌	♎	♎	♐	♑	♒	♓	♉	♊	♌	♍	♏
12	♌	♎	♎	♐	♑	♓	♈	♉ ☾	♋	♌	♎	♏
13	♍	♏	♏	♐	♒	♓	♈ ☾	♊	♋	♍	♎	♐
14	♍	♏	♏	♑	♒	♓ ☾	♈	♊	♌	♍	♏	♐ ●
15	♎	♐ ☾	♐	♑ ☾	♒ ☾	♈	♉	♋	♌	♎	♏ ●	♑
16	♎ ☾	♐	♐ ☾	♒	♓	♈	♉	♋	♍	♎ ●	♐	♑
17	♏	♐	♑	♒	♓	♉	♊	♌	♍ ●	♏	♐	♑
18	♏	♑	♑	♒	♈	♉	♊	♌	♎	♏	♑	♒
19	♐	♑	♑	♓	♈	♊	♋	♍ ●	♎	♐	♑	♒
20	♐	♒	♒	♓	♈	♊	♋ ●	♍	♏	♐	♒	♓
21	♐	♒	♒	♈	♉	♋ ●	♌	♎	♏	♐	♒	♓
22	♑	♒	♓	♈	♉	♋	♌	♎	♐	♑	♒	♓ ☽
23	♑	♓ ●	♓	♉ ●	♊ ●	♋	♍	♏	♐	♑	♓ ☽	♈
24	♒ ●	♓	♓	♉	♊	♌	♍	♏	♑ ☽	♒ ☽	♓	♈
25	♒	♈	♈ ●	♉	♋	♌	♎	♏ ☽	♑	♒	♈	♉
26	♒	♈	♈	♊	♋	♍	♎	♐	♑	♒	♈	♉
27	♓	♈	♉	♊	♌	♍	♏ ☽	♐	♒	♓	♈	♉
28	♓	♉	♉	♋	♌	♎ ☽	♏	♑	♒	♓	♉	♊
29	♈		♊	♋	♍ ☽	♎	♐	♑	♓	♈	♉	♊
30	♈		♊	♌	♍	♏	♐	♑	♓	♈	♊ ○	♋ ○
31	♈		♊		♍		♐	♒		♈		♋

Mondkalender 2002

Tag	Jan.	Feb.	März	Apr.	Mai	Juni	Juli	Aug.	Sept.	Okt.	Nov.	Dez.
1	♌	♎	♎	♐	♑	♒	♓	♉ ☾	♊	♌	♍	♏
2	♌	♎	♎	♐	♑	♓	♈ ☾	♉	♋	♌	♎	♏
3	♍	♏	♏	♑	♒	♓ ☾	♈	♊	♋	♌	♎	♐
4	♍	♏ ☾	♏	♑ ☾	♒ ☾	♈	♉	♊	♌	♍	♏ ●	♐ ●
5	♎	♏	♐	♑	♒	♈	♉	♊	♌	♍	♏	♐
6	♎ ☾	♐	♐ ☾	♒	♓	♈	♉	♋	♍	♎ ●	♐	♑
7	♏	♐	♑	♒	♓	♉	♊	♋	♍ ●	♎	♐	♑
8	♏	♑	♑	♓	♈	♉	♊	♌ ●	♎	♏	♑	♒
9	♐	♑	♑	♓	♈	♊	♋	♌	♎	♏	♑	♒
10	♐	♒	♒	♓	♈	♊	♋ ●	♍	♏	♐	♒	♓
11	♐	♒	♒	♈	♉	♊ ●	♌	♍	♏	♐	♒ ☽	♓ ☽
12	♑	♒ ●	♓	♈ ●	♉ ●	♋	♌	♎	♐	♑	♒	♓
13	♑ ●	♓	♓	♉	♊	♋	♍	♎	♐ ☽	♑ ☽	♓	♈
14	♒	♓	♓ ●	♉	♊	♌	♍	♏	♑	♒	♓	♈
15	♒	♈	♈	♉	♊	♌	♎	♏ ☽	♑	♒	♈	♉
16	♒	♈	♈	♊	♋	♍	♎	♐	♑	♓	♈	♉
17	♓	♈	♉	♊	♋	♍	♎ ☽	♐	♒	♓	♈	♉
18	♓	♉	♉	♋	♌	♎ ☽	♏	♑	♒	♓	♉	♊
19	♈	♉	♉	♋	♌ ☽	♎	♏	♑	♓	♈	♉	♊ ○
20	♈	♊ ☽	♊	♋ ☽	♍	♏	♐	♑	♓	♈	♊	♋
21	♈ ☽	♊	♊	♌	♍	♏	♐	♒	♓ ○	♉ ○	♊ ○	♋
22	♉	♊	♋ ☽	♌	♎	♐	♑	♒ ○	♈	♉	♊	♌
23	♉	♋	♋	♍	♎	♐	♑	♓	♈	♉	♋	♌
24	♊	♋	♌	♍	♏	♐ ○	♒ ○	♓	♉	♊	♋	♌
25	♊	♌	♌	♎	♏	♑	♒	♈	♉	♊	♌	♍
26	♋	♌	♍	♎	♐ ○	♑	♒	♈	♉	♋	♌	♍
27	♋ ○	♍ ○	♍	♏ ○	♐	♒	♓	♈	♊	♋	♍ ☾	♎ ☾
28	♌	♍	♎ ○	♏	♑	♒	♓	♉	♊	♋	♍	♎
29	♌		♎	♐	♑	♓	♈	♉	♋ ☾	♌ ☾	♎	♏
30	♍		♏	♐	♑	♓	♈	♊	♋	♌	♎	♏
31	♍		♏		♒		♈	♊ ☾		♍		♐

DER JAHRES-
HERRSCHER
IST MARS.

DER JAHRES-
HERRSCHER
IST DIE SONNE.

MONDKALENDER 2003

Tag	Jan.	Feb.	März	Apr.	Mai	Juni	Juli	Aug.	Sept.	Okt.	Nov.	Dez.
1	♐	♒ ●	♒	♈ ●	♉ ●	♊	♋	♍	♏	♐	♒ ☽	♓
2	♑ ●	♒	♓	♈	♉	♋	♌	♎	♏	♑ ☽	♒	♓
3	♑	♓	♓ ●	♉	♊	♋	♌	♎	♐ ☽	♑	♓	♈
4	♒	♓	♓	♉	♊	♌	♍	♎	♐	♒	♓	♈
5	♒	♈	♈	♉	♊	♌	♍	♏ ☽	♑	♒	♈	♉
6	♓	♈	♈	♊	♋	♌	♎	♏	♑	♒	♈	♉
7	♓	♈	♉	♊	♋	♍ ☽	♎ ☽	♐	♒	♓	♈	♉
8	♓	♉	♉	♋	♌	♍	♏	♐	♒	♓	♉	♊ ○
9	♈	♉ ☽	♉	♋	♌ ☽	♎	♏	♑	♓	♈ ○	♉ ○	♊
10	♈ ☽	♊	♊	♋ ☽	♍	♎	♐	♑	♓ ○	♈	♊	♋
11	♉	♊	♊ ☽	♌	♍	♏	♐	♒	♓	♈	♊	♋
12	♉	♊	♋	♌	♍	♏	♑	♒ ○	♈	♉	♊	♋
13	♉	♋	♋	♍	♎	♐	♑ ○	♓	♈	♉	♋	♌
14	♊	♋	♌	♍	♎	♐ ○	♑	♓	♉	♊	♋	♌
15	♊	♌	♌	♎	♏	♑	♒	♈	♉	♊	♌	♍
16	♋	♌	♌	♎ ○	♏ ○	♑	♒	♈	♉	♊	♌	♍ ☾
17	♋	♍ ○	♍	♏	♐	♒	♓	♈	♊	♋ ☾	♌ ☾	♎
18	♋ ○	♍	♍ ○	♏	♐	♒	♓	♉	♊ ☾	♋	♍	♎
19	♌	♎	♎	♐	♑	♓	♈	♉	♋	♌	♍	♏
20	♌	♎	♎	♐	♑	♓	♈	♊ ☾	♋	♌	♎	♏
21	♍	♏	♏	♑	♒	♓ ☾	♈ ☾	♊	♋	♍	♎	♐
22	♍	♏	♏	♑	♒	♈	♉	♊	♌	♍	♏	♐
23	♎	♐ ☾	♐	♒ ☾	♓ ☾	♈	♉	♋	♌	♎	♏	♑ ●
24	♎	♐	♐	♒	♓	♉	♊	♋	♍	♎ ●	♐ ●	♑
25	♏ ☾	♐	♑ ☾	♒	♈	♉	♊	♌	♍	♏	♐	♒
26	♏	♑	♑	♓	♈	♉	♊	♌	♎ ●	♏	♑	♒
27	♐	♑	♒	♓	♈	♊	♋	♌ ●	♎	♐	♑	♒
28	♐	♒	♒	♈	♉	♊	♋	♍	♏	♐	♒	♓
29	♑		♓	♈	♉	♋ ●	♌ ●	♍	♏	♑	♒	♓
30	♑		♓	♈	♊	♋	♌	♎	♐	♑	♓ ☽	♈ ☽
31	♑		♓		♊ ●		♍	♎		♑		♈

Mondkalender 2004

DER JAHRES-
HERRSCHER
IST DIE VENUS.

Tag	Jan.	Feb.	März	Apr.	Mai	Juni	Juli	Aug.	Sept.	Okt.	Nov.	Dez.
1	♉	♊	♋	♌	♍	♏	♐	♒	♈	♉	♊	♌
2	♉	♊	♋	♍	♎	♐	♑ ○	♓	♈	♉	♋	♌
3	♉	♋	♌	♍	♎	♐ ○	♑	♓	♉	♊	♋	♌
4	♊	♋	♌	♎	♏ ○	♑	♒	♈	♉	♊	♌	♍
5	♊	♌	♌	♎ ○	♏	♑	♒	♈	♉	♋	♌ ☾	♍ ☾
6	♋	♌ ○	♍	♎	♐	♒	♓	♈	♊ ☾	♋ ☾	♌	♎
7	♋ ○	♍	♍ ○	♏	♐	♒	♓	♉	♊	♋	♍	♎
8	♋	♍	♎	♏	♑	♓	♈	♉ ☾	♋	♌	♍	♎
9	♌	♍	♎	♐	♑	♓ ☾	♈ ☾	♊	♋	♌	♎	♏
10	♌	♎	♏	♐	♒	♓	♉	♊	♋	♍	♎	♏
11	♍	♎	♏	♑	♒ ☾	♈	♉	♊	♌	♍	♏	♐
12	♍	♏	♐	♑ ☾	♓	♈	♉	♋	♌	♍	♏ ●	♐ ●
13	♎	♏ ☾	♐ ☾	♒	♓	♉	♊	♋	♍	♎	♐	♑
14	♎	♐	♑	♒	♓	♉	♊	♌	♍ ●	♎ ●	♐	♑
15	♎ ☾	♐	♑	♓	♈	♉	♋	♌	♎	♏	♑	♒
16	♏	♑	♑	♓	♈	♊	♋	♌ ●	♎	♏	♑	♒
17	♏	♑	♒	♈	♉	♊ ●	♋ ●	♍	♎	♐	♒	♓
18	♐	♒	♒	♈	♉	♋	♌	♍	♏	♐	♒	♓ ☽
19	♐	♒	♓	♈ ●	♊ ●	♋	♌	♎	♏	♑	♓ ☽	♈
20	♑	♓ ●	♓ ●	♉	♊	♋	♍	♎	♐	♑ ☽	♓	♈
21	♑ ●	♓	♈	♉	♊	♌	♍	♏	♐ ☽	♒	♓	♉
22	♒	♓	♈	♊	♋	♌	♍	♏	♑	♒	♈	♉
23	♒	♈	♉	♊	♋	♍	♎	♐ ☽	♑	♓	♈	♉
24	♓	♈	♉	♊	♌	♍	♎	♐	♒	♓	♉	♊
25	♓	♉	♉	♋	♌	♍ ☽	♏ ☽	♐	♒	♓	♉	♊
26	♈	♉ ☽	♊	♋	♌	♎	♏	♑	♓	♈	♊ ○	♋ ○
27	♈	♊	♊	♌ ☽	♍ ☽	♎	♐	♑	♓	♈	♊	♋
28	♈	♊	♋	♌	♍	♏	♐	♒	♈ ○	♉ ○	♊	♋
29	♉ ☽	♊	♋ ☽	♌	♎	♏	♑	♒	♈	♉	♋	♌
30	♉		♋	♍	♎	♐	♑	♓ ○	♉	♊	♋	♌
31	♊		♌		♏		♒	♓		♊		♍

WEITERFÜHRENDE LITERATUR.

QUELLENHINWEISE

Hermann Meyer (unter Mitarbeit von Wilfried Schütz)
PSYCHOSOMATIK UND ASTROLOGIE (Hugendubel)

Bernd A. Mertz
DAS HANDBUCH DER ASTROMEDIZIN (Ariston)

André Barbault
VON DER PSYCHOANALYSE ZUR ASTROLOGIE (Hugendubel)

Hermann Meyer
ASTROLOGIE UND PSYCHOLOGIE (rororo)

Rüdiger Dahlke, Nicolaus Klein
DAS SENKRECHTE WELTBILD (Heyne)

Johanna Paungger, Thomas Poppe
VOM RICHTIGEN ZEITPUNKT (Hugendubel/Irisiana)

Franziska von Au
BAUERNREGELN UND NATURWEISHEITEN (Südwest)

Kurt Allgeier
DER 100-JÄHRIGE KALENDER nach Abt Dr. Mauritius Knauer (Heyne)

BILDNACHWEIS

Seiten 6, 10, 13, 23, 33, 34, 42, 43, 44, 54, 61, 63, 64, 73, 74, 82, 84, 94, 102,103, 104, 114, 122, 123, 124, 134, 141, 143, 144: Archiv Ludwig.

Seite 25 aus: Alexander Roob, Alchemie & Mystik, Köln 1996.
Seite 32 aus: E. Gerlini, Villa Farnesina alla Lungara Roma, Rom 1988.
Seite 72 aus: : H.E. Lässig/R.A. Müller, Die Zahnheilkunde in Kunst- und Kulturgeschichte, Köln 1983.
Seite 93 aus: : Ausst. Kat. New York/Maastricht 1982, Adriaen Brouwer David Teniers the Jounger, London 1982.
Seite 133 aus: Chr. E. Jackson, Great Bird Paintings of the World, Vol. 1, The Old Masters, Woodbridge 1993.

Mondrhythmen und Gesundheit

○

Neumond

Jeder Neuanfang ist begünstigt. Die beste Zeit, eine Fastenkur zu beginnen und schlechte Gewohnheiten aufzugeben.

☽

Zunehmender Mond

Alles ist auf Aufnahme und Zunahme eingestellt. Eine gute Zeit, um den Organismus mit einer Kräftigungs- bzw. Aufbaukur zu unterstützen.

●

Vollmond

Der Richtungswechsel der Mondimpulse setzt starke Energien frei. Eine geeignete Gelegenheit, um seelische Konflikte zu erkennen und zu bewältigen.

☾

Abnehmender Mond

Alle körperlichen und seelischen Kräfte sind gestärkt und können freigesetzt werden. Operationen gelingen jetzt besser, Wunden heilen schneller.

Aufsteigender Mond

Der aufsteigende Mond beeinflusst alle Körperregionen, die von den Tierkreiszeichen bestimmt werden, welche die Sonne vom 21. Dezember bis zum 21. Juni durchschreitet.

Absteigender Mond

Der absteigende Mond wirkt auf die Körperbereiche, die von den Tierkreiszeichen bestimmt werden, welche die Sonne vom 21. Juni bis zum 21. Dezember durchschreitet.